발레
바워크
핸드북

* 발레 용어 표기는 원칙적으로 외래어표기법에 따랐으며, 독자들의 이해를 돕기 위해 경우에 따라 현재 한국의 발레 수업 현장에서 많이 사용하는 발음을 혼용하여 표기했습니다. 또한 턴 아웃, 포인, 플렉스 등 영어로 많이 쓰는 발레 용어는 영어 발음으로 표기했습니다.

ANATA NO 'DEKINAI'WO KAISHOSURU! BARRE LESSON HANDBOOK
by Satoshi Shimada

ⓒ Satoshi Shimada 2021, Printed in Japan
Korean translation copyright ⓒ 2024 by Bookpium
First published in Japan by Toyo Shuppan Inc.
Korean translation rights arranged with Toyo Shuppan Inc.
through Imprima Korea Agency.

발레 바 워크 핸드북

플리에에서 바트망까지,
아름다운 발레 동작을 위해 꼭 알아야 할
14가지 바 워크의 비밀

시마다 사토시 지음
위정훈 옮김
한지영 감수

북피움

발레 호흡과 몸의 연결 포인트를 알면
바 워크가 훨씬 쉬워진다

저는 동양 의학의 관점에서 발레 동작을 연습하는 데 도움을 주는 몸 관리법을 연구하고 있습니다. 이 책에서는 그중에서도 가장 효율이 높은 몸의 튜닝법을 엄선하여 소개했습니다. 그리고, 그 튜닝법을 적용하여 발레 실력을 키우는 데 가장 기본이 되는 바 워크를 조금 더 쉽게 숙달할 수 있도록 하였습니다.

모든 바 워크 동작에는 의미가 있다!

클래식 발레 레슨에는 바 워크라는, 발레를 하기 위한 몸을 만드는 레슨이 반드시 있습니다.

발레에 필요한 근육 사용법을 익히고, 발레를 하기 쉽도록 근육과 관절의 위치를 맞춰주는 역할을 하는데, 따라 하기만 할 뿐, 실제로 몸 만들기에 활용하지 못하는 사람들이 많습니다.

특히 성인이 되어서 발레를 시작한 사람들은 발레 특유의 신체 사용법을 익히지 못해 기존의 습관이 좀처럼 고쳐지지 않는 경우가 있습니다.

그래서인지 '계속 똑같은 부분을 지적받아요', '아무리 연습해도 다리를

높이 올리지 못하겠어요' 하고 호소하는 분도 많습니다. 그러다 보니 무리하다 오히려 다치기도 합니다.

센터에서 아름다운 발레 동작을 하고 싶은 마음은 굴뚝 같을 것입니다. 하지만 그러기 위해서는 바 워크를 통해 몸을 만드는 과정이 반드시 필요합니다. 바 워크를 제대로 하지 못하면 센터에서는 그 이상의 것을 할 수 없습니다.

바 워크에서 배우는 동작, 선생님이 조언하는 동작의 설명 등은 모두 의미가 있으므로 이를 조합하면 동작 범위가 넓어지고 센터에서의 동작도 훨씬 잘할 수 있기 때문입니다.

그래서 이 책에서는 '바 워크 동작 하나하나가 어떤 의미를 갖고 있으며, 몸의 어떤 동작을 위해 존재하는지', 그리고 '못하는 부분이 있다면 어떻게 하면 해결할 수 있는가'에 대해 교정학의 관점을 곁들여 설명했습니다.

발레를 할 때 숨이 차고 호흡이 힘들다면?

하지만 바 워크의 요령을 알게 된다고 해도 하루아침에 잘할 수 있는 분들은 많지 않겠지요. 그래서 레슨 전에 반드시 발레 호흡법을 응용한 셀프

튜닝으로 발레에 최적화된 몸을 만들어보기 바랍니다.

호흡은 인간의 속근육을 활성화시킬 수 있는 가장 쉬운 방법입니다. 하지만 발레에서 요구되는 호흡은 일반적인 복식호흡과는 다릅니다. 배를 부풀릴 때, 늑골이 벌어지면 등을 끌어올릴 수 없기 때문입니다.

레슨 도중에 선생님의 '숨을 들이마시세요'라는 지시에 숨을 많이 들이마시기 힘든 사람, 늑골이 벌어지고 어깨가 올라가는 사람, 배가 나오는 사람은 어쩌면 호흡으로 사용해야 할 부분을 제대로 사용하지 못하고 있는 것일지도 모릅니다.

발레를 할 때는 배를 집어넣은 채로 숨을 깊이 들이마셔서 동작을 끝까지 해내는 데 필요한 호흡량을 반드시 확보해야 합니다.

하지만 머리로는 '그렇게 해야지'라고 아무리 다짐해도, 마음먹은 대로 되지는 않습니다. 그래서 이 책에서는 '발레 호흡법을 도입한 간단한 워크'를 알려드립니다. 발레를 할 때 호흡이 편해지고, 몸을 끌어올리거나 몸통을 사용할 수 있는 몸을 만드는 튜닝법입니다. 이 튜닝을 해두면 바 워크도, 그 후의 센터 워크도 훨씬 퀄리티가 높아질 것입니다.

그리고 '몸의 연결'을 일깨우는 워크도 소개하고 있습니다. 발레는 한꺼번

에 의식해야 할 부분이 많기 때문에 "이것도 저것도 의식하지 못하겠어!"라고 생각하며 좌절하기 쉽습니다. 하지만 '몸의 연결' 포인트를 알아두면 의식해야 하는 포인트를 줄일 수 있습니다. 그러면 그만큼 즐겁게 발레에 집중할 수 있게 될 것입니다.

이 책이 조금 더 쉽고 아름다운 발레를 하는 데 도움이 되기 바랍니다.

시마다 사토시

'호흡'과 '몸의 연결'로
발레에 최적화된 몸 만들기

발레를 잘하고 싶다면 해야 할 것들

〈전편〉에서는 바 워크를 하기 전에 해두면 아주 좋은 셀프 튜닝 10가지를 소개합니다. 주로 굳어 있는 몸을 풀어줄 수 있는 방법을 준비했습니다. 가능하다면 Basic 1~3의 호흡을 이용한 워크는 꼭 해보기 바랍니다.

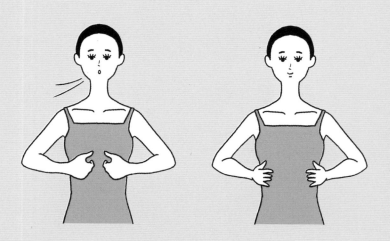

'호흡'과 '몸의 연결'을
토대로 한 14가지 바 워크 비결

어렵거나 힘든 발레 동작을 잘하고 싶을 때 해야 할 것들

〈후편〉에서는 교정학적 관점을 담은 14가지 바 워크의 비결을 소개합니다. 책 마지막에 있는 발레 동작 관련 문제의 해결책을 알려주는 〈바 워크 체크 포인트 일람표〉도 꼭 활용해보기 바랍니다.

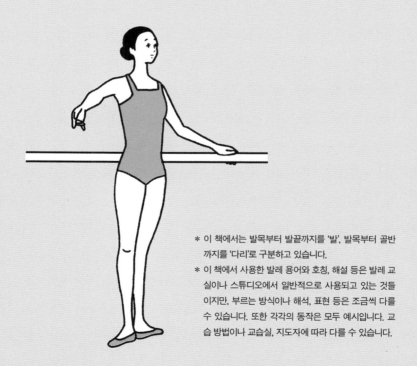

* 이 책에서는 발목부터 발끝까지를 '발', 발목부터 골반까지를 '다리'로 구분하고 있습니다.

* 이 책에서 사용한 발레 용어와 호칭, 해설 등은 발레 교실이나 스튜디오에서 일반적으로 사용되고 있는 것들이지만, 부르는 방식이나 해석, 표현 등은 조금씩 다를 수 있습니다. 또한 각각의 동작은 모두 예시입니다. 교습 방법이나 교습실, 지도자에 따라 다를 수 있습니다.

차례

발레를 잘하고 싶다면 해야 할 것들

전편   '호흡'과 '몸의 연결'로 발레에 최적화된 몸 만들기

후편 어렵거나 힘든 발레 동작을 잘하고 싶을 때 해야 할 것들
'호흡'과 '몸의 연결'을 토대로 한 14가지 바 워크 비결

발레를 잘하고 싶다면 해야 할 것들

'호흡'과
'몸의 연결'로
발레에 최적화된
몸 만들기

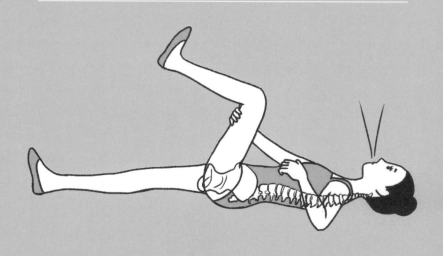

〈전편〉에서는 아래 표와 같이 셀프 튜닝을 구성하고 있습니다.

발끝에서 머리의 정수리까지 온몸을 바로잡아 움직이기 쉬운 몸을 만드는 일은 레슨 전에 미리 해두는 것이 가장 좋지만, 기본인 Basic 1, 2, 3을 중심으로 발레의 호흡을 사용하여 속근육을 활성화시키는 운동은 꼭 해주기 바랍니다. 그런 다음, '바로잡는 주요 부위'에서 부족한 부분을 골라서 해주면 더욱 좋습니다.

발레에 최적화된 몸을 만드는 것이 목적인 〈셀프 튜닝〉 9와 10은 계속 해주면 온몸이 연결되어 있는 감각을 일깨워주므로 발레의 표현을 익히는 센터 워크에도 크게 도움이 됩니다.

참조할 쪽	셀프 튜닝		포인트	바로잡는 주요 부위
16~25쪽	1, 2, 3 (Basic)	기본	호흡	온몸, 끌어올리기
38~41쪽	4	기본	호흡	턴 아웃
42~49쪽	5	기본	호흡	팔+어깨 주위
50~57쪽	6, 7	기본	발가락 운동	발
62~67쪽	8	몸 만들기	호흡	오금(무릎 뒤쪽), 다리
68~73쪽	9	몸 만들기	등 운동	등쪽 전부
74~83쪽	10	몸 만들기	손가락 운동	몸통

* 셀프 튜닝 횟수에 대하여

셀프 튜닝은 기본적으로 좌우 한 번씩 해줍니다. 한 번 해보고 좌우 차이를 느끼거나 움직이기 힘든 곳이 있다면 몸의 컨디션에 맞춰 반복합니다. 레슨 전에 여러 번 계속해서 해주면 반드시 효과를 볼 수 있습니다.

BASIC 1

레슨 전에
꼭 하기!

호흡의 힘을 키우는
횡격막 스트레칭

어려운 동작, 잘하지 못하는 동작일수록 호흡은 얕아지며, 그만큼 몸은 굳은 채로 움직이게 됩니다. 다양한 자세에서 유연성을 높여주는 '횡격막 스트레칭'을 하여 호흡의 힘이 좋아지면 발레를 하기 쉬운 몸이 됩니다.

Basic 1~3용 체크
* □에 체크하는 분들에게 추천합니다

★ 생활습관, 틀어진 자세

□ 사무 업무, 앉아 있는 시간이 하루 7시간 이상이다

□ 유연성이 없다, 몸이 뻣뻣하다

□ 고양이등, 등이 굽었다

★ 몸의 증상 관련

□ 몸통이 약하다

□ 어깨결림, 요통이 있다

- -

★ 발레를 할 때 생기는 문제

□ 다리가 올라가지 않는다

□ 몸을 끌어올릴 수 없다

□ 다리를 뒤로 들어 올리면 허리가 꺾여서 불편하다

1 팔을 앞으로 뻗어서 비튼 다음 늑골을 잡는다

상완을 안쪽으로 향하고, 새끼손가락부터 바깥쪽으로 비튼 다음,
늑골에 손가락을 걸칩니다. 몸통이 안정됩니다.

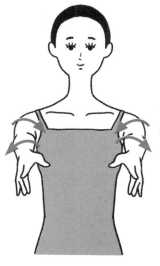

1 팔 전체를 안쪽으로

2 팔꿈치부터 아래를 바깥쪽으로

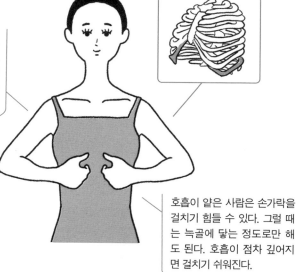

늑골에 걸친 손등은 아래.
팔꿈치는 옆으로 늘린다.
복부에 있는 **몸통 근육(횡
격막과 복횡근)**을 느낄 수
있다.

호흡이 얕은 사람은 손가락을
걸치기 힘들 수 있다. 그럴 때
는 늑골에 닿는 정도로만 해
도 된다. 호흡이 점차 깊어지
면 걸치기 쉬워진다.

2 숨을 강하게 내쉰다

숨을 내쉬면 복근이 사용되어, 늑골이 닫히는 것을 느낄 수 있습니다. 한 번에 숨을 내쉬기 힘들다면 3단계로 나누어서 내뱉으면 복부가 조여져서 숨을 내쉬기 쉬워집니다.

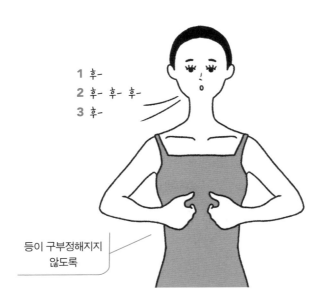

1 후-
2 후- 후- 후-
3 후-

등이 구부정해지지
않도록

3 손바닥으로 늑골을 누르고, 코로 숨을 들이마신다

다음으로, 닫힌 늑골이 벌어지지 않도록 손바닥으로 눌러서 유지
하면서 코로 숨을 들이마십니다. 충분히 숨을 들이마셨다고 생각
한 곳에서 한 번 더 들이마시면 늑골 뒤의 등이 스트레칭됩니다.

처음에는 늑골이 올라갈 때 어깨가 올라가는 것이 신경 쓰일 것입
니다. 하지만 그것은 호흡근이 움직이지 않는 만큼 견갑골을 들어
올리는 근육이 받쳐주기 때문입니다.

지속적으로 반복하다보면 횡격막이나 늑간근 등의 호흡근이 움직
이게 되어 어깨가 올라가지 않고 숨을 깊게 들이마실 수 있게 됩
니다.

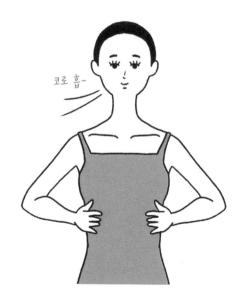

코로 흡ㅡ

BASIC 2

레슨 전에
꼭 하기!

비틀어서
횡격막 스트레칭

Basic 1을 바탕으로 하여 다양한 자세로 실시합니다.

각각의 자세마다 심호흡을 할 수 있게 되면 발레를 할 때 자세를 유지하는 힘도 좋아지고 가동 범위도 커집니다.

Basic 2는 몸을 비튼 자세에서 하는 횡격막 스트레칭입니다. 비트는 강도를 높일수록 몸을 회전시키는 동작, 고관절을 돌리는 범위, 바닥을 누르는 힘이 커집니다.

1 팔꿈치로 몸통을 지탱하며 상체를 비튼다

다리를 어깨너비보다 넓게 벌리고 선 상태에서 '손 들어 올리기' 자세로
두 손을 어깨높이로 들어 올리고 팔꿈치 각도는 90도를 유지합니다.

골반은 앞을 향한 상태를 유지.
골반이 틀어지지 않도록 막아주어
몸을 비트는 효과가 높아진다.

뒤

앞

팔꿈치로 하기
힘들다면 손으로
늑골이나 골반을
고정하면서
비틀어도 된다.

왼쪽으로 돌리는 경우는
왼쪽 팔꿈치를 뒤쪽으로 끌어당기고
오른쪽 팔꿈치를 앞으로 내밀듯이 하면
척추를 비틀기 쉽다.

2 팔을 앞으로 뻗어서 비튼 다음 늑골을 잡는다

상완은 안쪽을 향하고 새끼손가락부터 바깥쪽으로 비틀어 젖힌 다음, 늑골에 손가락을 걸칩니다. 몸통이 안정됩니다.

＊ 상체를 비튼 상태에서 팔을 비틀어줍니다.

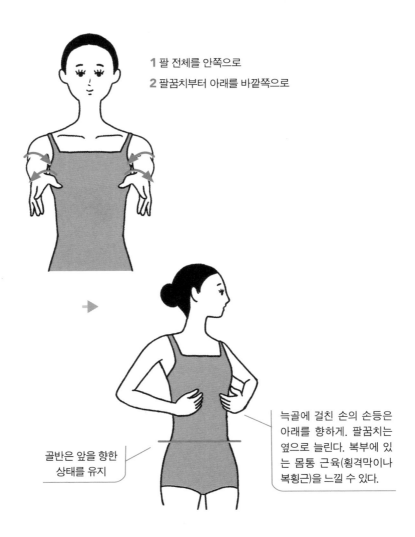

1 팔 전체를 안쪽으로
2 팔꿈치부터 아래를 바깥쪽으로

골반은 앞을 향한
상태를 유지

늑골에 걸친 손의 손등은
아래를 향하게. 팔꿈치는
옆으로 늘린다. 복부에 있
는 몸통 근육(횡격막이나
복횡근)을 느낄 수 있다.

3 늑골을 잡고 숨을 깊게 내쉰다

호흡이 힘든 사람은 '후-' 하고
소리를 내면서 해도 됩니다.

입으로 후-

등이 구부정해지지
않도록

4 손바닥으로 늑골을 누르고 코로 숨을 들이마신다

복근의 움직임으로 늑골이 닫히기 때문에 닫힌 늑골이 벌어지지 않도록 손바닥으로 누르면서 코로 숨을 들이마신다. 숨을 끝까지 들이마셨다고 생각되는 지점에서 다시 한 번 들이마시면 늑골 너머로 허리가 펴진다.

코로 흡-

BASIC 3

레슨 전에 꼭 하기!

옆구리 늘려서
횡격막 스트레칭

Basic 1과 2에 몸을 옆으로 굽히기를 같이 하면 등의 가동 범위, 몸통의 안정성, 다리를 옆으로 들어 올려서 유지하는 힘도 좋아집니다.

1 팔꿈치로 몸통을 지탱하고 상체를 굽힌다

다리를 어깨너비보다 넓게 벌리고 선 상태에서 '손 들어 올리기' 자세로 양손을 어깨높이로 올리고, 팔꿈치 각도는 90도를 유지합니다.

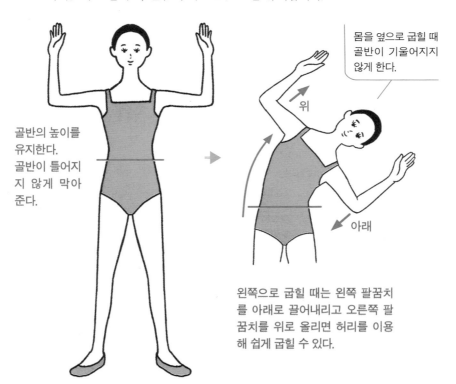

몸을 옆으로 굽힐 때 골반이 기울어지지 않게 한다.

위

골반의 높이를 유지한다. 골반이 틀어지지 않게 막아준다.

아래

왼쪽으로 굽힐 때는 왼쪽 팔꿈치를 아래로 끌어내리고 오른쪽 팔꿈치를 위로 올리면 허리를 이용해 쉽게 굽힐 수 있다.

2 몸을 굽히기 힘들어지면 팔을 뻗는다

상체를 굽히기 힘들어지면 목이 움
직이거나 엉덩이를 움직이고 싶어
집니다. 이럴 때는 팔꿈치부터 앞
쪽의 팔을 뻗습니다. 견갑골이 돌
아가면서 등 위쪽이 더 잘 굽혀지
고 옆구리가 더 늘어납니다.

늘리는 쪽의 엉덩이에 체중이
실려 엉덩이가 옆으로 틀어지
지 않도록 한다.

3 늑골을 누르면서 숨을 크게 내쉰다

늘리지 않은 쪽 손으로 늑골을
누르면서 숨을 크게 내쉽니다.
숨쉬기가 힘들면 '후-' 하는 소
리를 내면서 하면 좋습니다.

입으로 후-

4 뼈를 누르고 코로 숨을 들이마신다

복근의 움직임으로 늑골이 닫히
므로 닫힌 늑골이 열리지 않도록
손바닥으로 눌러서 유지하면서
코로 숨을 들이마십니다. 숨을
들이마셨다고 생각되는 지점에
서 한 번 더 숨을 들이마시면 늑
골 너머의 등이 스트레칭됩니다.
반대쪽도 똑같이 해줍니다.

코로 흡-

횡격막을 사용하여
배를 끌어올린다
- 메커니즘편

횡격막을 사용하면 우리 몸에 어떤 이점이 있는지 알아봅니다. 예를 들면 다음과 같은 장점이 있습니다.

- 유연성이 좋아진다
- 구부정한 자세나 등이 굽는 것을 막아준다
- 몸통이 강화된다

거기에 더해 발레를 할 때는 다음과 같은 장점이 있습니다.

- 몸 전체의 에너지 방향을 위로 끌어올리기 쉽다
- 다리를 들어 올리기 쉽다

하지만 이런 장점이 있다고 설명해도, "왜 횡격막이지?" 하는 의문이 들 것입니다. 횡격막은 숨을 들이마시는 주요 근육으로 몸통 근육 중 하나입니다. 몸통 근육이란 몸의 몸통부에 있는 속근육(심층근)으로, 횡격막, 복횡근, 다열근, 골반기저근을 말합니다.

횡격막은 위쪽에 붙어 있는 돔 모양의 뚜껑이며, 복횡근은 코르셋처럼 배를 덮고 있습니다. 다열근은 척추의 횡돌기와 극돌기에, 골반기저근은 해먹

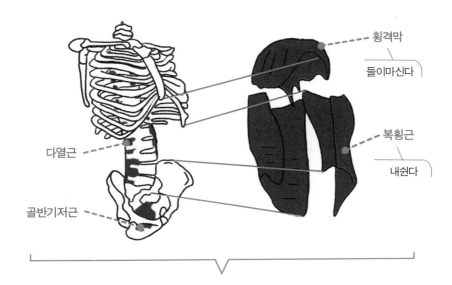

横격막

들이마신다

복횡근

내쉰다

다열근

골반기저근

*횡격막은 4개의 몸통 근육 중 하나다.
가장 컨트롤하기 쉽고
몸통 근육을 사용하는 열쇠가 된다!

(그물침대)처럼 골반 바닥에 붙어 있습니다.

　이 4개의 근육은 몸의 중심을 안정시키거나, 운동할 때 손발의 움직임을 서포트하기 쉽게 해줍니다. 몸통이 안정되면 턴 아웃을 하거나, 다리를 올리거나, 발끝을 늘리는 등 다양한 자세를 쉽게 할 수 있습니다.

　횡격막이 잘 기능하지 않게 되면, 몸통이 무너져 균형을 잡기 힘들고 어깨나 등, 고관절의 유연성이 떨어지며, 관절에 가해지는 부담이 커져 통증을 느끼기도 합니다.

횡격막은 몸통 근육을 사용하기 위한 열쇠

횡격막은 가장 쉽게 조절할 수 있는 근육이므로, 몸통 근육을 쉽게 사용할 수 있게 해주는 열쇠가 됩니다.

횡격막은 숨을 들이마실 때 반드시 사용합니다. 즉, 숨을 들이마실 수 있으면 사용할 수 있습니다.

복횡근은 강하게 숨을 내쉴 때 사용합니다. 다만, 보통 숨을 내쉬는 수준이라면 그리 많이 사용하지 않습니다. 강하게 숨을 내쉬어야 하기 때문에 횡격막보다는 의식하기 어렵습니다.

다열근이나 골반기저근은 의식적으로 사용하기가 조금 어렵습니다.

즉, 몸통 근육 중에서 의식적으로 사용하기 쉬운 것이 횡격막이기 때문에 몸통 근육을 사용하거나 단련하는 열쇠로 사용하기 좋은 것입니다.

심호흡이 가능해지면, 몸통 강화와 유연성 향상이 동시에 가능해진다

횡격막을 사용할 수 있게 되면 앞에서 이야기한 장점을 얻을 수 있는 이유를 알아봅니다.

이유는 크게 두 가지로 나누어볼 수 있습니다.

첫 번째 포인트는 횡격막이 있는 위치입니다.

횡격막이 있는 위치에 어떤 구조가 있는지, 어떤 영향을 미치는지, 이를 알면 이해가 훨씬 빠를 것입니다. 순서대로 설명해보겠습니다.

횡격막 위에 있는 것은 흉곽입니다. 우리 몸의 거의 한가운데 있습니다.

흉곽은 앞쪽은 넥타이처럼 생긴 뼈인 흉골, 옆은 늑골, 뒤쪽은 흉추로 둘러싸인 바구니이며, 그 안에 심장과 폐가 있습니다.

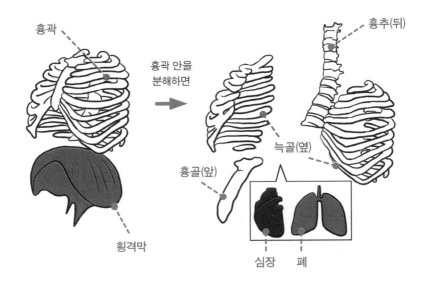

흉곽

흉곽 안을
분해하면

흉추(뒤)

늑골(옆)

흉골(앞)

심장   폐

횡격막

호흡을 할 때는 횡격막과 늑골 사이에 있는 늑간근의 작용으로 이 바구니 안에서 폐가 넓어졌다 좁아졌다 하면서 공기가 드나들고 있습니다.

호흡이 얕아 횡격막이 뻣뻣하면 이 바구니 자체도 뻣뻣해집니다. 즉, 옆구리나 흉추도 뻣뻣해지는 것입니다.

구부정한 자세가 되거나, 견갑골의 움직임이 나빠져 일자목이나 앞으로 말린 어깨가 되거나, 등이 뻣뻣해져 뒤로 젖히기 힘들어지거나, 젖혀진 허리가 되기 쉽습니다.

반대로 횡격막에 탄력이 있고 신축성이 있으면 흉곽의 경직도 훨씬 완화됩니다.

즉, 호흡이 깊고 숨을 많이 내쉬고 들이마실 수 있으면 옆구리와 흉추의 유연성이 높아지는 것입니다.

다음으로 횡격막 밑에는 복강이 있습니다. 그 안에는 내장이 들어 있습니다. 복횡근이 코르셋처럼 배를 보호하고 있는 것입니다.

복횡근과 횡격막은 세트로 함께 사용됩니다.

횡격막은 숨을 들이마실 때, 복횡근은 숨을 강하게 내쉴 때 사용합니다.

참고로 횡격막은 웃을 때, 기침할 때, 울 때, 그리고 큰소리를 낼 때도 사용합니다.

복횡근은 늑골 아래 안쪽에서 골반 위에 붙어 있기 때문에 이곳을 사용하면 늑골이 안쪽에서 조여져 허리가 가늘어집니다.

발레 레슨에서 '허리를 가늘게 하세요'라고 하는 것은 이 근육을 쓰라는 말입니다. 이렇게 하면 골반이 틀어지지 않게 됩니다. 또한, 숨을 깊게 들이마실 때 횡격막은 골반을 평행하게 유지하는 근육과 함께 움직입니다.

횡격막은 12번째 늑골에 붙어 있는데, 거기에는 골반을 평행하게 유지하는 요방형근이라는 근육도 붙어 있습니다.

즉, 횡격막을 사용할 수 있고 깊게 숨을 들이마실 수 있다는 것은 골반을 평행하게 유지하는 근육도 동시에 사용하고 있다는 뜻입니다.

발레에서는 이것이 어떻게 활용될까요?

12번째 늑골은 횡격막과 요방형근에 의해 당겨져 균형을 잡습니다.

몸통이 안정되고 골반의 평행을 유지하는 동작, 발레로 치면 파세passé를 유지하는 동작도 마찬가지입니다. 그 외에도 아라베스크arabesque에서 들어 올린 골반이 틀어지지 않도록 유지하는 데도 사용합니다.

즉, 호흡이 깊고 숨을 많이 내쉬고 들이마실 수 있으면 늑골을 닫고 골반이 틀어지지 않게 할 수 있는 것입니다.

심호흡이 가능해지면 척추를 사용할 수 있다

　횡격막은 요추(1, 2, 3번) 앞에 붙어 있습니다. 그리고 그 척추를 뒤에서 받쳐주는 몸통 근육이 다열근입니다. 다열근은 등을 젖히거나 비틀거나 옆으로 굽히거나 자세를 유지할 때 사용합니다.

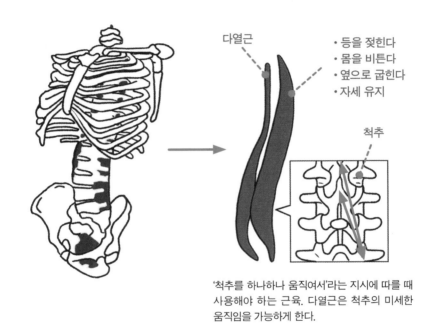

다열근

• 등을 젖힌다
• 몸을 비튼다
• 옆으로 굽힌다
• 자세 유지

척추

'척추를 하나하나 움직여서'라는 지시에 따를 때
사용해야 하는 근육. 다열근은 척추의 미세한
움직임을 가능하게 한다.

　흔히 '등 근육'이라고 하는 척추기립근과 다른 점은 다열근이 더 세밀하게 근육이 붙어 있다는 점입니다.

　이 근육은 한 덩어리가 하나의 근육이 아니며, 척추 2~4개를 연결하고 있습니다. 즉, 척추의 미세한 움직임이 가능하기 때문에 몸의 안정성뿐만 아니라 허리의 유연성과도 관련이 있습니다.

예를 들어 뒤 캉브레처럼 등을 뒤로 젖히거나, 아라베스크처럼 다리를 뒤로 올리고 등을 똑바로 세우는 자세를 취할 때입니다. 발레 교실에서 선생님이 "척추 하나하나를 움직이세요"라고 할 때 사용해야 하는 곳이 바로 이 부분입니다.

"이게 횡격막을 사용하는 것과 무슨 상관이지?"라는 생각이 들지요?

요컨대 '호흡에 의한 연동으로 다열근도 사용된다'는 것입니다. 다열근은 근막을 통해 복횡근과 연결됩니다. 따라서 다열근이 작용하는 동시에 몸통의 속근육인 횡격막과 복횡근, 골반기저근이 동시에 사용되는 것이죠.

즉, 몸통 근육은 호흡과 연동하여 몸통을 안정시키는 코르셋 역할을 하기 때문에 횡격막을 열쇠로 사용할 수 있으면 몸통의 스퀘어가 잘 유지되므로 요통 예방에도 좋습니다.

호흡
↓
다열근도 사용한다
↓
속근육을 사용한다
↓
몸통을 유지할 수 있다!

호흡

호흡의 힘을 높이면 "몸을 뻣뻣하게 하는" 브레이크를 막는다

호흡에 사용하는 주 근육은 횡격막과 늑골 사이에 있는 늑간근입니다.

횡격막이 수축하면 흉곽 안이 넓어지면서 폐에 공기가 들어가 숨을 들이마실 수 있습니다.

숨을 내쉴 때는 특별히 아무것도 하지 않아도 횡격막이 느슨해지면서 풍선에 바람이 빠지듯이 폐 속 공기가 밀려나와 숨을 내쉴 수 있습니다.

즉, 가만히 있을 때의 호흡에서는 숨을 들이마실 때는 근육을 사용하지만, 내쉴 때는 자동적으로 호흡이 이루어집니다. 하지만 운동을 하거나 숨을 강하게 내쉴 때는 복근이 사용됩니다.

또한, 격렬한 운동으로 호흡근만으로는 감당할 수 없을 때 호흡을 도와주는 근육이 있습니다. 이것을 호흡 보조근이라고 하는데, 등을 지탱하는 척추기립근, 목과 어깨의 근육, 견갑골을 들어 올리는 근육, 골반을 평행하게 유지하는 요방형근 등이 이에 해당합니다.

즉, 호흡이 부족하거나 숨을 멈추고 움직이려고 하면 호흡보조근에 무리한 힘이 들어가서 굳어지는 것입니다. 이로 인해 골반이 틀어지거나 관절의 움직임에 제동이 걸려 유연성이 떨어지거나 다치기 쉽습니다.

예를 들어, 레슨에서 '어깨가 올라간다'는 말처럼 목 근육이 굳어지거나 등, 어깨, 고관절이 뻣뻣해지거나 목, 어깨, 허리, 다리 관절에 통증이 생기기 쉽습니다.

횡격막을 사용할 수 있게 되면 호흡의 힘이 높아져서 몸통이 강화되고 근골격의 유연성이 좋아집니다. 뿐만 아니라, 바깥쪽에 있는 호흡 보조근이 굳어지지 않아 관절의 움직임이 방해받지 않으므로 "몸을 뻣뻣하게 만드는 브레이크도 제거"되어 유연성이 크게 좋아집니다.

호흡을 할 때 사용하는 근육

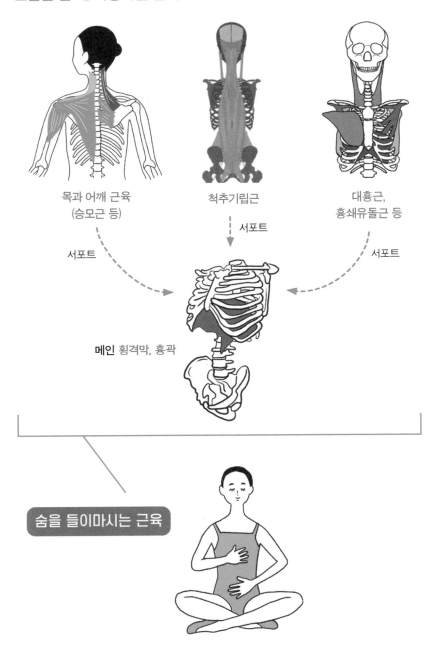

목과 어깨 근육
(승모근 등)

척추기립근

대흉근,
흉쇄유돌근 등

서포트

서포트

서포트

메인 횡격막, 흉곽

숨을 들이마시는 근육

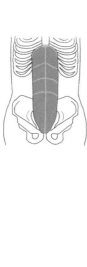
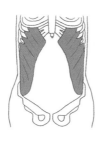
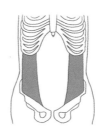
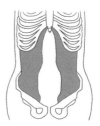

메인 복근(속근육)

서포트

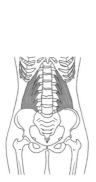
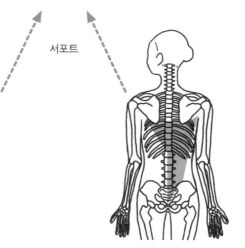

요방형근

광배근, 흉요근막 등

숨을 내쉬는 근육

호흡은
온몸의 유연성과
관절 운동의
열쇠!!!

호흡이 몸의 유연성이나 몸을 바로잡는 것과 밀접한 관련이 있다는 것을 알았습니다. 그러면. 호흡을 활용하여 몸을 쉽게 끌어올리기 위해서는 어떻게 하면 좋을까요?

요점을 한마디로 요약하면 '흉곽이 넓어지는 것을 억제하면서 복식호흡을 한다'는 것인데, 그것이 어떤 의미인지 순서대로 설명해보겠습니다.

일반적인 복식호흡 방법은 다음과 같습니다.

① 배에 손을 얹고 배를 집어넣은 상태에서 천천히 숨을 내쉽니다.

폐 속의 공기를 전부 내보내는 것이 포인트인데, 익숙하지 않으면 그렇게까지 호흡이 지속되지 않을 수 있으니 단계별로 나눠서 해봅니다.

먼저 '후-' 하고 숨을 내쉰 다음, 입을 오므리고 '후- 후- 후- 후-' 하고 3~4회 내뱉고, 마지막으로 '후-' 하고 내뱉으면 쉽게 내뱉어낼 수 있습니다.

② 숨을 끝까지 내쉬고 나면 배를 부풀리면서 코로 숨을 들이마십니다.

코로 3초 정도 천천히 숨을 들이마시면서 배가 부풀어 오르는 것을 손으로 확인합니다.

일반적인 복식호흡은 이렇게 하면 되지만 발레에서는 약간 문제가 있습니다. 이유는 숨을 들이마실 때 흉곽이 앞으로 움직이면서 아래쪽이 넓어지기 때문입니다.

발레 교실에서는 이 동작을 '배가 나오네요',

입으로 내쉰다
↓
배가 쏙 들어간다

입으로 들이마신다
↓
배가 나온다

'늑골이 벌어집니다'라고 주의를 줍니다.

흉곽이 넓어지는 것을 억제하면서 복식호흡을 할 수 있으면 넓어질 때 쓰이는 부분이 몸을 끌어올리는 데 쓰이게 됩니다.

예를 들어, 배꼽을 끌어올리는 느낌으로 복부를 들어 올린 상태에서 옆구리를 끌어올리거나, 늑골을 들어 올려 숨을 들이마시는 데 도움을 주는 늑골거근을 이용해 늑골 너머로 등을 끌어올릴 수 있습니다.

선생님에 따라서는 호흡을 지도할 때 '등으로 숨을 쉬세요'라고 지시하는 경우가 있는데, 이는 이 근육을 사용할 때 등이 스트레칭되는 느낌을 가리키는 경우가 많습니다. 이렇게 하여 몸에 가해지는 부담을 줄여서 한쪽 다리로 서거나, 를르베relevé로 서기 쉽게 합니다.

하지만 흉곽의 확장을 억제하면서 숨을 많이 들이마시거나 등을 끌어올리는 감각은 쉽게 의식할 수 있는 부분이 아닙니다. 감각을 익힐 때까지는 자전거의 보조바퀴처럼 손으로 누르면서 자연스럽게 될 때까지 끈기 있게 연습하기 바랍니다. 그 방법이 앞에서 소개한 '횡격막 스트레칭'입니다.

복식호흡을 하는 요령으로 숨을 내쉰 다음, 숨을 들이마실 때 흉곽이 넓어지는 것을 억제하면 배를 끌어올리기 쉬워집니다.

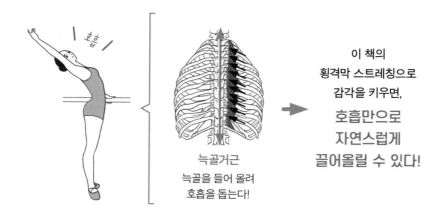

늑골거근
늑골을 들어 올려
호흡을 돕는다!

이 책의
횡격막 스트레칭으로
감각을 키우면,
**호흡만으로
자연스럽게
끌어올릴 수 있다!**

횡격막 스트레칭
턴 아웃 버전

어려운 동작, 잘 못하는 동작일수록 호흡은 얕아지고, 그만큼 몸은 굳어 져서 움직이기 힘들어집니다. 다양한 동작으로 유연성을 높이는 '횡격막 스트레칭'을 꾸준히 연습하여 호흡의 힘이 좋아지면 발레를 할 때 쉽게 지치지 않는 몸이 됩니다.

체크
* □에 체크하는 분들에게 추천합니다

★ 틀어진 체형

□ 무릎 아래가 O자로 휘었다, 내전근이 약하다

□ 햄스트링이 뻣뻣하다

□ 앉아 있을 때 요통이 생기기 쉽다

★ 발레를 할 때 생기는 문제

□ 플리에를 하기 힘들다

□ 고관절이 뻣뻣하고 엉덩이가 뻐근하다

□ '바닥을 누르세요'라는 주의를 받는다

1 서 있는 다리의 옆구리와 움직이는 다리 쪽의 어깨를 누른다

다리를 허리 너비로 벌리고 발끝을 나란히 하고 섭니다. 한쪽 옆구리와 반대쪽 어깨를 누릅니다. 이는 나중에 발뒤꿈치를 발끝의 선에 맞출 때 무게중심이 옆으로 이동해 엉덩이가 틀어지는 것을 막기 위해서입니다.

옆구리를 안쪽으로, 어깨를 뒤로.
몸통이 잘 흔들리지 않게 된다.

2 고관절 세팅

고관절을 벌리면서 바닥을 누르는 형태로 세팅합니다.

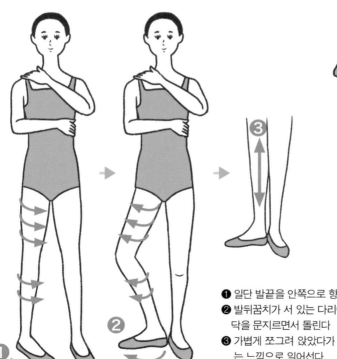

❶ 일단 발끝을 안쪽으로 향한다
❷ 발뒤꿈치가 서 있는 다리에 붙도록 바닥을 문지르면서 돌린다
❸ 가볍게 쪼그려 앉았다가 오금을 늘리는 느낌으로 일어선다.

＊ 3~5는 16~19쪽의 횡격막 스트레칭과 동일합니다.

3 팔을 앞으로 뻗어서 비튼 다음 늑골을 잡는다

상완을 안쪽으로 향하고, 새끼손가락부터 바깥쪽으로 비튼 다음
늑골에 손가락을 걸칩니다. 몸통이 안정됩니다.

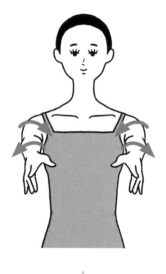

1 팔 전체를 안쪽으로
2 팔꿈치부터 아래를 바깥쪽으로

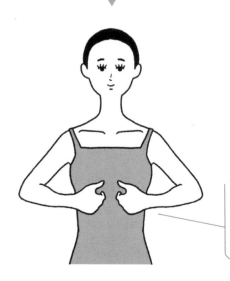

늑골에 걸친 손등은 아래쪽으로.
팔꿈치는 옆으로 늘린다. 복부에
있는 몸통 근육(횡격막과 복횡근)
을 느낄 수 있다.

4 숨을 강하게 내쉰다

숨을 내쉬면 복근이 사용되어 늑골
이 닫히는 것을 느낄 수 있습니다.
한 번에 숨을 내쉬기 힘들면, 단계
별로 나눠서 배가 쏙 들어가게 하
여 숨을 내쉬기 쉽게 합니다.

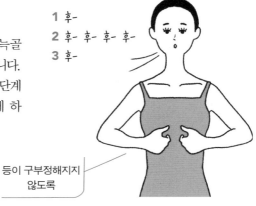

1 후-
2 후- 후- 후- 후-
3 후-

등이 구부정해지지
않도록

5 손바닥으로 늑골을 누르고 코로 숨을 들이마신다

다음으로, 닫힌 늑골이 벌어지지 않도록 손바
닥으로 눌러서 유지하면서 코로 숨을 들이마
십니다. 충분히 숨을 들이마셨다고 생각한 곳
에서 한 번 더 들이마시면 늑골 뒤의 등이 스
트레칭됩니다.

처음에는 늑골이 올라갈 때 어깨가 올라가는
것이 신경 쓰일 것입니다. 하지만 그것은 호흡
근이 움직이지 않는 만큼 견갑골을 들어 올리
는 근육이 받쳐주기 때문입니다.

지속적으로 반복하다보면 횡격막이나 늑간근
등의 호흡근이 움직이게 되어 어깨가 올라가지
않고 숨을 깊게 들이마실 수 있게 됩니다.

코로 흡-

호흡과 팔을 이용하여
견갑골의 위치를 바로잡는다

견갑골은 몸통에서도, 어깨에서도 당겨지기 쉬운 부위입니다.

양자의 균형이 잘 맞지 않으면 팔의 힘을 몸통에 잘 전달하지 못해 어깨의 가동 범위뿐만 아니라 몸통의 유연성에도 영향을 미치게 됩니다. 발레의 팔 동작을 응용하여 팔을 앞, 옆, 위로 늘리는 견갑골의 움직임과 호흡을 이용함으로써 견갑골과 몸통을 연결하는 근육의 스트레칭을 동시에 할 수 있는 방법을 알려드립니다.

발레를 할 때 견갑골이 하는 일은 팔 동작 외에도 많이 있습니다. 예를 들어, 뒤로 젖힐 때는 등 위쪽이 젖혀지는 지점이 됩니다. 이렇게 하면 허리에 무리가 가지 않습니다.

아라베스크에서는 팔을 앞쪽이나 위쪽으로 늘림으로써 등을 세울 때 사용하기도 하며, 옆으로 늘림으로써 골반이 틀어지지 않도록 몸통을 유지할 때도 사용합니다.

피루에트pirouette 같은 회전 동작을 할 때는 원심력에 의해 몸이 휘청거리지 않도록 잡아주어 회전축을 안정시켜줍니다.

체크

* □에 체크하는 분들에게 추천합니다

★ 틀어진 체형

□ 어깨의 움직임이 뻣뻣하고 뭉치기 쉽다

□ 구부정한 자세, 일자허리가 되기 쉽다

□ 앉아 있으면 요통이 생기기 쉽다

★ 발레를 할 때 생기는 문제

□ 등을 뒤로 젖히기 어렵다

□ 다리가 무겁다, 고관절이 뻣뻣하다

□ 팔꿈치가 내려가고, 자세가 무너지기 쉽다

[앞으로 팔 늘리기 버전]

1 팔을 비튼다(옆구리를 조인다) → 바구니를 감싸 안은 손 모양
→ 팔을 앞으로 늘린다

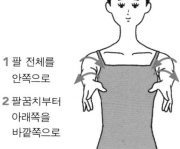

1 팔 전체를
안쪽으로

2 팔꿈치부터
아래쪽을
바깥쪽으로

팔을 앞으로 내밀어
비틀어줍니다.

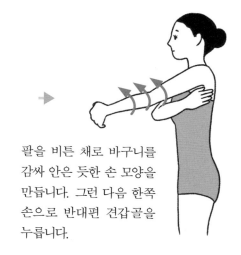

팔을 비튼 채로 바구니를
감싸 안은 듯한 손 모양을
만듭니다. 그런 다음 한쪽
손으로 반대편 견갑골을
누릅니다.

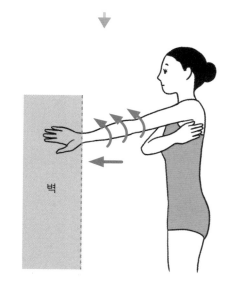

벽

그런 다음, 펴고 있는 팔을
비틀면서 늘려줍니다
(손으로 벽을 밀면서 하면 더욱 효과적입니다)

2 견갑골을 앞으로 당긴다(a) → 옆구리를 뒤로 당긴다(b) → 심호흡(c)

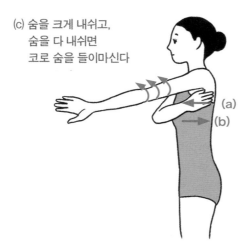

(c) 숨을 크게 내쉬고, 숨을 다 내쉬면 코로 숨을 들이마신다

(a) 견갑골을 앞으로 당긴다

(a) 견갑골을 앞으로 당긴다

(b) 몸이 끌려가서 비스듬히 기울어지므로, 옆구리를 뒤로 당겨 몸이 정면을 향하게 유지한다

point

비틀면서 늘린 팔의 견갑골을 늑골에 붙이기 위해, 견갑골을 앞으로 당긴다. 그대로 팔을 앞으로 밀어준다. 옆구리를 뒤로 당겨주면 견갑골을 척추로 모으는 근육을 사용하기 쉽다.

[옆으로 팔 늘리기 버전]

1 팔을 비튼다(옆구리를 조인다) → 바구니를 감싸 안은 손 모양
→ 팔을 옆으로 늘린다

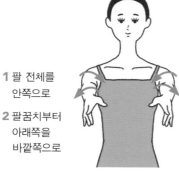

1 팔 전체를
안쪽으로

2 팔꿈치부터
아래쪽을
바깥쪽으로

팔을 앞으로 내밀어
비틀어줍니다.

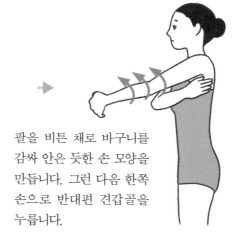

팔을 비튼 채로 바구니를
감싸 안은 듯한 손 모양을
만듭니다. 그런 다음 한쪽
손으로 반대편 견갑골을
누릅니다.

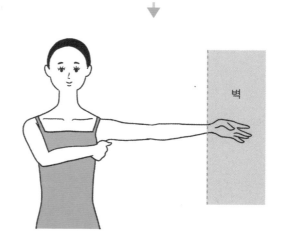

퍼고 있는 팔을 벌려서
옆으로 늘립니다.

(손으로 벽을 밀면서 하면
더욱 효과적입니다)

2 견갑골 아래를 누른다(a) → 심호흡(b)

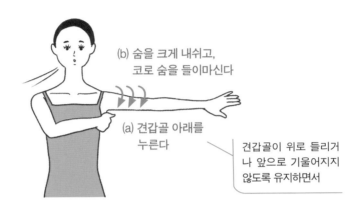

(b) 숨을 크게 내쉬고,
코로 숨을 들이마신다

(a) 견갑골 아래를
누른다

견갑골이 위로 들리거
나 앞으로 기울어지지
않도록 유지하면서

point

견갑골은 주변 근육에 의해 여러 방향으로 당겨진다.
위치를 유지하는 근력이 약하면 수축하기 쉬운 근육에 의해 당
겨져 틀어지게 된다.
손을 옆으로 늘린 상태에서 벽을 더 누르면 견갑골이 앞과 위로
밀리기 쉽다. 견갑골 아래쪽이 늑골에서 떨어지지 않도록 눌러주
면 견갑골의 위치를 유지하면서 견갑골을 당기는 근육을 스트레
칭할 수 있다.

[위로 팔 늘리기 버전]

1 팔을 비튼다(옆구리를 조인다) → 바구니를 감싸 안은 손 모양
→ 팔을 위로 늘린다

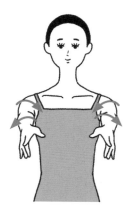

팔을 앞으로 내밀어
비틀어줍니다.

1 팔 전체를 안쪽으로

2 팔꿈치부터 아래쪽을
바깥쪽으로

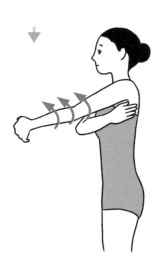

비튼 자세를 유지한 채 바구니를
감싸 안은 손 모양을 만듭니다.
다른 쪽 손은 견갑골을 누릅니다.

펴고 있는 팔을 위로 들어 올립니다.

2 팔을 비틀면서 늘린다(a) → 견갑골을 잡고 팔을 돌린다(b) → 심호흡(c)

(b) 상완이 관자놀이와 귀에 닿도록 팔을 늘린다. 견갑골이 굳어 있으면 할 수 없으므로 견갑골을 돌려서 서포트해준다.

(a) 팔을 안쪽으로 비틀면서 위로 늘린다.

(c) 숨을 크게 내쉬고, 다 내쉬면 코로 숨을 들이마신다.

point

견갑골이 움직이면서 어깨의 가동 범위를 넓힐 수 있다. 견갑골 아래쪽은 어깨의 움직임뿐만 아니라, 고양이등을 방지하거나 등을 뒤로 젖힐 때도 사용한다.

발등 굽혔다 펴기

발바닥의 감각을 높여서 발등을 늘리는 감각을 키운다

레슨 전에 해주면 발바닥의 감각이 예민해지고 고관절을 잘 사용할 수 있게 됩니다. 또한 몸통의 연결이 강화되어 균형을 잡기 쉬워지고 발을 더 잘 움직일 수 있습니다.

체크
* □에 체크하는 분들에게 추천합니다

★생활습관 · 틀어진 체형
- □ 발가락이 떠 있다
- □ 유연성이 없다, 발목이 뻣뻣하다

★몸의 증상 관련
- □ 몸통이 약하다
- □ 무지외반증이 있다 · 평발이다
- □ 정강이 바깥쪽이 쉽게 피로해진다

★발레를 할 때 생기는 문제
- □ 바닥을 누르기 힘들다
- □ 발끝이 잘 펴지지 않는다
- □ 바깥쪽(새끼발가락쪽)에 체중이 실린다, 안짱발이 된다

1 중족골 위치를 확인한다

중족골은 엄지발가락에서 새끼발가락까지 다섯 발가락의 연장선상에 있는 뼈로, 발등뼈 앞쪽에 있습니다.

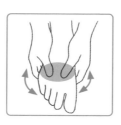

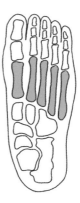

뼈를 2개씩 잡는 느낌으로 좌우 손을 위아래로 번갈아 가며 움직여줍니다. 어느 뼈부터 하든 상관없습니다.

2 발등 관절의 움직임을 확인한다

중족골은 발목이 시작되는 부근에 관절이 있으므로, 거기에 끼워진 상태로 움직여줍니다.

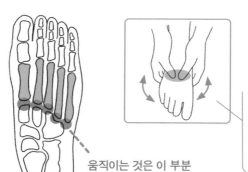

1과 마찬가지로 움직여준다

요령은 뼈를 잡은 다음 2초 정도 기다렸다가 움직여주는 것이다. 발등의 관절(리스프랑 관절Lisfranc joint)이 끼워져 있어야 움직여주기 쉽다.

움직이는 것은 이 부분

3 발등의 관절을 이용해 발등을 굽혔다 폈다 한다

엄지발가락 쪽에 있는 족심의 뼈는 공통이며, 다른 발은 새끼발가락 쪽부터 차례로 누르는 뼈를 바꾸어 발등을 굽혔다 펴줍니다.

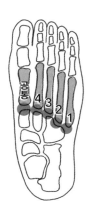

❶ 공통(엄지발가락)과 새끼발가락(1) 쪽을 눌러서 굽혔다 펴기.
❷ 공통과 네 번째 발가락(2) 쪽을 눌러서 굽혔다 펴기.
❸ 공통과 세 번째 발가락(3) 쪽을 눌러서 굽혔다 펴기.
❹ 공통과 두 번째 발가락(4) 쪽을 눌러서 굽혔다 펴기.
몇 번 굽혔다 펴기를 해봅니다. 움직이고 있는 것은 발등 부분이므로, 눈에 보이는 움직임은 별로 없습니다.

굽혔다 펴기를 할 때 발등의 피부가
당겨지는 느낌이 있다면 OK

엄지발가락 쪽은 공통되게 누르고
다른 발가락은 누르는 순서를 바꿔
서 발등으로 굽혔다 펴기

4 발 관절을 고정한 상태에서 포인(족저굴곡)과 플렉스(배굴곡)를 반복한다

마무리로 포인pointe과 플렉스flex를 해주면 발바닥의 강도가 달라집니다.
엄지발가락 쪽에 있는 족심의 뼈는 공통으로 하고, 다른 쪽 발은 새끼발가락
쪽부터 차례로 누르는 뼈를 바꿔가며 포인과 플렉스를 여러 번 반복합니다.
누르는 위치는 3과 동일합니다.

❶ 공통(엄지발가락)과 새끼발가락⑴ 쪽을 눌러서 포인, 플렉스.
❷ 공통과 네 번째 발가락⑵ 쪽을 눌러서 포인, 플렉스.
❸ 공통과 세 번째 발가락⑶ 쪽을 눌러서 포인, 플렉스.
❹ 공통과 두 번째 발가락⑷ 쪽을 눌러서 포인, 플렉스.

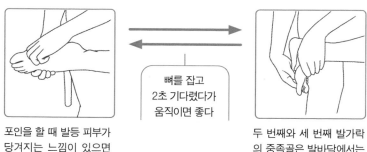

뼈를 잡고
2초 기다렸다가
움직이면 좋다

포인을 할 때 발등 피부가
당겨지는 느낌이 있으면
OK.

두 번째와 세 번째 발가락
의 중족골은 발바닥에서는
잘 만져지지 않으므로 손
가락으로 따라가면서 확인
한다.

point

처음에는 감각이 잘 느껴지지 않는 사람도 있겠지만, 서서히 발등을 늘리는 감각이 키워
집니다. 이것을 해준 다음, 플리에를 할 때 무릎이 옆으로 열리기 쉬워지거나, 발끝으로
섰을 때 다리가 안정되는 효과를 체크해보세요.

* '발등 굽혔다 펴기'를 한 다음 54쪽의 '발가락 풀어주기'를 계속 해주면 발 모양이 바로잡혀
효과가 더욱 높아집니다.

발가락 풀어주기

발레를 배우다보면 발에 대해 여러 가지로 주의를 받게 되지요?

'발끝을 더 늘리세요!' '를르베를 더 높이!' '발가락이 굽어 있어요!' '발바닥이 약해요', '발목이 뻣뻣해요', '바닥을 이용해서(밀어서)!', '발뒤꿈치로 서 있네요! 더 발가락으로 서세요!' 등 종류도 다양합니다.

이런 문제들은 사실 많은 경우 발목과 발가락을 움직이는 방법, 특히 발가락을 움직이는 타이밍에 문제가 있는 경우가 많습니다.

발목을 플렉스할 때 동시에 발가락도 젖혀지거나, 발끝을 늘릴 때 발가락이 굽혀지는 경우가 많습니다.

── 발가락과 온몸의 연결 ──

앞서 말씀드린 '발등 굽혔다 펴기'와 이 '발가락 풀어주기'는 아래 그림과 같이 '발가락의 연결'을 활성화시키는 목적도 있습니다.

74쪽에서 〈손의 연결과 연동하여 풀어주기〉도 함께 하면 양쪽이 연결되기 때문에 몸이 더욱 바로잡혀 균형을 잡기 쉬워지는 등 많은 이점이 있습니다.

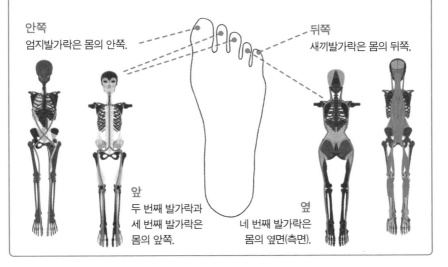

안쪽
엄지발가락은 몸의 안쪽.

뒤쪽
새끼발가락은 몸의 뒤쪽.

앞
두 번째 발가락과
세 번째 발가락은
몸의 앞쪽.

옆
네 번째 발가락은
몸의 옆면(측면).

발레를 하기 쉽도록 발을 움직이는 법

발레를 할 때 발을 잘 사용하려면 어떻게 움직이면 좋을까요? 추천 순서는 다음과 같습니다. 발레의 퍼포먼스를 향상시키는 발 동작은 4단계로 구분할 수 있습니다.

〈발을 움직이는 올바른 순서〉

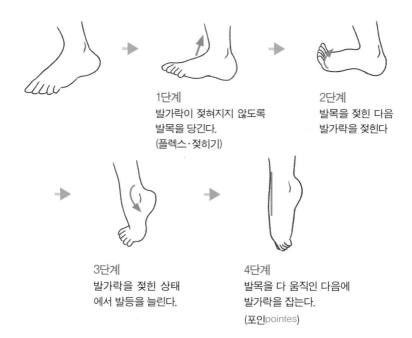

1단계
발가락이 젖혀지지 않도록
발목을 당긴다.
(플렉스·젖히기)

2단계
발목을 젖힌 다음
발가락을 젖힌다

3단계
발가락을 젖힌 상태
에서 발등을 늘린다.

4단계
발목을 다 움직인 다음에
발가락을 잡는다.
(포인pointes)

이 순서대로 움직일 수 있게 되면 발바닥에 힘이 들어가기 쉬워져 균형 감각이 좋아지고, 고관절의 움직임을 제어하기 쉬워지는 등 퍼포먼스 향상에 활용할 수 있습니다.

발을 움직이는 올바른 순서를 바탕으로 한 워크 방법을 기억해둡니다. 자연스럽게 이 동작을 할 수 있게 되면 엄지발가락에 체중이 실리고, 발등이 높아지며, 를르베를 높이 서거나 안정감을 느낄 수 있습니다.

1 발가락을 펴고 발목을 젖힌다

발가락을 발바닥 쪽으로 늘리듯이 쭉 뻗은 상태에서 플렉스를 합니다.
종아리 등 불필요한 근육을 사용하지 않고 발목이 시작되는 부분만 사용해
플렉스를 할 수 있습니다.

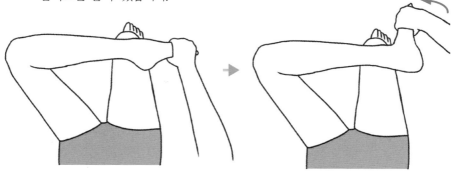

2 발가락을 젖히고 심호흡

발가락을 90도로 젖힙니다. 그 상태
에서 세 번 심호흡을 합니다. 호흡은
입으로 내쉬고 코로 들이마십니다.

3 발가락을 젖힌 상태에서 발끝을 늘린다

이렇게 하면 보통은 발가락이 구부러지
므로, 손으로 발가락을 젖힌 상태를 유
지함으로써 발목만 움직여 드미 포인demi
pointe을 할 수 있습니다(족저굴곡). 발가락
을 벌려서 사용하거나 발바닥의 아치 유
지, 드미 포인이나 포인을 할 때 안정성을
높일 수 있습니다.

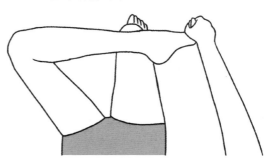

4 다리 모양 만들기

발목의 안정성을 높이기 위해 가능한 범위에서 발목과 발등이 일직선이
되도록 손으로 다리를 쓸어서 풀어줍니다.

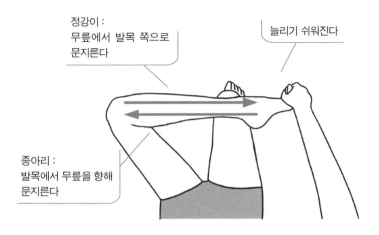

정강이 :
무릎에서 발목 쪽으로
문지른다

늘리기 쉬워진다

종아리 :
발목에서 무릎을 향해
문지른다

5 다리와 발등이 일직선에 가까워지면
발가락을 발바닥 쪽으로 늘린다

다리와 발등이 일직선에 가까워지면 손을 뗍니다. 발가락이 발바닥을
향해 늘어납니다. 발끝이 늘어나도록 손으로 쓸어주면 발바닥에 힘
이 전달되어 발목이 튼튼해집니다.

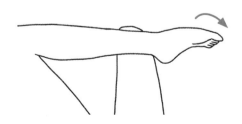

왜 이 순서가 좋을까?

발가락을 먼저 젖히지 않고 발목을 젖히는 이유는 3가지입니다.

① 발끝을 늘릴 때 발가락을 쭉 펴기 위해
② 발목의 가동 범위를 떨어뜨리지 않기 위해
③ 정강이 바깥쪽이 피로해지지 않도록 하기 위해

이는 해부학적인 이유가 큽니다. 발가락을 젖히는 근육은 신근(伸筋)이라고 하는데, 발가락을 늘리는 근육이기도 합니다.

따라서 발목을 젖히는 단계에서 사용해버리면 나중에 발끝을 늘리는 데 사용할 수 없습니다. 또한 발가락을 젖히는 근육은 발목에 힘줄이 있기 때문에 발목을 젖힐 때도 사용됩니다. 즉, 발가락을 젖히면서 발목을 젖혀버리면 발목의 가동 범위를 충분히 사용할 수 없기 때문입니다.

또한 발가락을 젖히는 근육은 정강이 앞쪽 약간 바깥쪽에 있는 근육(장족무지신근Extensor hallucis longus muscle)도 있기 때문에 이곳을 과도하게 사용하면 정강이 바깥쪽이 피로해져 바깥쪽 무게중심이 되기 쉽다는 단점도 있습니다.

그러므로 발가락을 젖힐 때는 발목을 젖힌 다음에 하는 것이 좋습니다.

발가락을 젖힌 상태에서 포인(족저굴곡)를 할 수 있으면 아킬레스건을 수축하지 않고 움직일 수 있습니다. 또한 아치가 잘 무너지지 않으므로 발등이 나오기 쉬워지고, 발끝으로 서기(를르베)를 할 때 엄지발가락에 체중이 실리기 쉬워집니다(안쪽중심에 체중을 싣기 쉽다).

'다리가 덜 펴졌다는 말을 듣는 이유'와 '오금의 근육을 늘리는 메커니즘'

발레 교실에서 레슨 중에 선생님으로부터 "다리를 좀 더 펴세요"라는 말을 들은 적이 없습니까? 나는 쭉 펴고 있다고 생각했는데, '굽어 있다', '펴지지 않았다'는 말을 들은 경험도 있을 것입니다.

해부학적으로 다리를 펴는(늘리는) 근육은 허벅지 앞쪽에 있는 대퇴사두근입니다. 따라서 말 그대로 다리만 펴려고 하면 허벅지 앞쪽에 힘이 들어가게 됩니다. 다리를 펴려고 너무 무리해서 '허벅지 앞쪽을 너무 많이 쓴다'는 주의를 받는 경우도 종종 있는 것 같습니다.

그렇다면 무엇이 문제일까요? 사실 이런 분들의 공통점은 '오금(무릎 뒤쪽)의 근육들이 짧아져 있다'는 것입니다. 오금이 펴지지 않기 때문에 '다리가 덜 펴졌다'고 지적받는 것입니다.

오금이 펴지지 않는 것은 '무엇이 문제'이기 때문일까요? 오금으로 연결되는 근육을 살펴보면 위쪽에서는 '허벅지 뒤쪽 근육, 햄스트링'이, 아래쪽에서는 '가자미근, 비복근'이 각각 연결됩니다.

오금은 허벅지 뒤쪽 근육과 종아리 근육의 힘줄이 모여 있는 곳입니다. 즉, 오금은 '허벅지 뒤쪽 근육과 종아리 근육이 늘어나고 수축되는 움직임에 영향을 받는다'는 뜻입니다.

여기 ▶
오금이 제대로 펴지지 않으면
다리가 덜 펴진다.

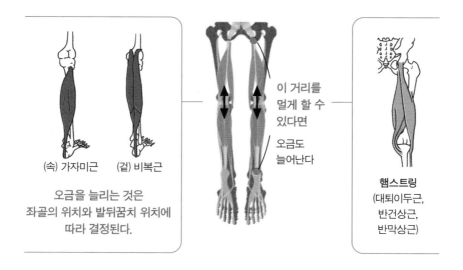

(속) 가자미근　　(겉) 비복근

오금을 늘리는 것은
좌골의 위치와 발뒤꿈치 위치에
따라 결정된다.

이 거리를
멀게 할 수
있다면

오금도
늘어난다

햄스트링
(대퇴이두근,
반건상근,
반막상근)

각 근육이 오금에서 어디로 연결되는지 살펴보면 햄스트링은 좌골과 대퇴골로, 비복근은 가자미근과 함께 발뒤꿈치로 연결됩니다.

요컨대, 오금이 늘어나는 정도는 좌골과 발뒤꿈치의 위치에 따라 결정되는 것입니다.

오금을 늘리고 싶은 타이밍에 골반이 틀어져 있지 않나요?

그렇다면 '오금을 펴면 되겠다'라고 생각하지만, 막상 발레를 하면서 펴려고 하면 생각처럼 쉽게 되지는 않을 것입니다.

그것은 앞서 말씀드린 것처럼 다리를 펴는 근육이 허벅지 앞쪽이기 때문에 허벅지 앞쪽에 힘이 들어가기 쉽다는 점도 있고, 원래 햄스트링이 굳어 있는 경우도 있을 수 있습니다.

하지만 발레 동작을 할 때 다리가 잘 펴지지 않는다면 또 다른 중요한 이유가 있습니다. 그것은 바로 다리를 펴고 싶은 타이밍에 골반이 틀어져 있다는 것입니다. 저는 다리가 펴지지 않는다고 호소하시는 분들을 많이 만나 보았습니다. 그분들은 대개 골반이 틀어져 있었습니다. 골반이 틀어져 있으면 다리를 펼 때 몸통이 함께 움직이게 됩니다. 그러면 애써 늘린 오금이 수축되어버립니다.

골반은 좌골, 장골, 선골, 치골의 네 부분으로 이루어져 있는데, 그것들은 정말 다양한 근육과 연결되어 있습니다. 무슨 말인가 하면, '골반은 여러 근육에 의해 당겨져 그 위치가 결정된다'는 것입니다.

예를 들어, 다리를 앞이나 뒤로 들어 올릴 때 다리를 끝까지 펴기 위해서는 몸통을 컨트롤하는 힘과 상체를 바로세우는 힘이 충분해야 합니다.

그 2가지 힘이 충분하지 않으면 늑골이 벌어지거나 골반이 들어 올린 쪽 다리 방향으로 열려버립니다.

또한 들어 올린 쪽 다리의 골반이 떨어지거나(골반의 수평이 맞지 않게 되거나) 정강이가 뻣뻣하여 발등과 발끝을 끝까지 늘릴 수 없다면 서 있는 다리의 발뒤꿈치와 좌골이 일직선상에 있지 않은 것입니다. 그러면 좌골과 발뒤꿈치를 연결하는 근육도 늘리지 못하게 됩니다.

비유하자면 비닐 우산을 펼쳤을 때 우산대가 휘어져 있어 비닐 부분이 구겨지는 것과 같은 이치입니다. 이로 인해 허벅지 뒤쪽과 종아리 근육이 수축되어 오금을 펴고 싶어도 펼 수 없는 상태가 됩니다.

즉, 구조적으로는 좌골과 발뒤꿈치를 멀리하면 다리가 펴지기 쉽지만, 그것은 움직일 때 골반의 위치를 유지하는 힘과 발목의 조절력에 따라 결정된다는 것입니다.

오금을 늘리는 것은
골반의 위치를
유지하는 힘
+
발목을
컨트롤하는 힘이
결정한다

골반을 세우면서
오금을 늘린다

오금을 늘리기 위해서는 좌골과 발뒤꿈치를 멀리 떨어뜨리는 스트레칭과 다양한 발레 동작을 할 때 이것을 유지하는 몸통의 힘, 발목의 움직임이 필요합니다.

이것을 효율적으로 할 수 있는 튜닝을 알려드립니다.

호흡과 세트로 골반을 세우면서 오금을 늘리는 방법입니다. 다리를 들어 올려 길게 늘리는 데블로페développé를 할 때의 몸 사용법도 함께 익히면서 단련할 수 있습니다.

체크
* □에 체크하는 분들에게 추천합니다

★ 틀어진 자세 관련
- □ 발목, 햄스트링이 뻣뻣하다
- □ 구부정한 자세, 젖혀진 허리가 되기 쉽다
- □ 요통이 생기기 쉽다

- -

★ 발레를 할 때 생기는 문제
- □ '다리가 덜 펴졌다'는 말을 듣는다
- □ 다리를 들기 힘들다
- □ 를르베가 낮다 · 플리에를 잘 못한다

1 다리 세팅

바닥에 등을 대고 누운 상태에서 무릎을 세웁니다

→ 발목을 젖힙니다(플렉스)

→ 발목과 무릎을 90도로 유지한 채 다리를 들어 올립니다.

발목을 젖히면 발목 안쪽에 있는 복사뼈(거골距骨)가 고정된 상태에서 다리를 움직일 수 있으므로 다리를 가볍게 들어 올리기 쉬워 장요근과 고관절에 무리가 가지 않는다. 다리를 90도로 구부리면 고관절에 가해지는 부담도 줄어든다.

NG

다리를 깊게 굽힌다, 발목을 늘린다

장요근을 제대로 사용할 수 없으며 허벅지 앞쪽 근육을 더 많이 사용하게 된다.

2 허벅지 뒤쪽과 늑골을 잡는다

팔을 비틀어서 들어 올린 다리와 반대쪽 손으로 허벅지 뒤쪽을, 같은
쪽 손으로 늑골을 잡습니다(이 그림에서는 왼쪽 다리를 들어 올렸기 때문에 오른손으로
허벅지 뒤쪽을, 왼손으로 늑골을 잡고 있습니다).

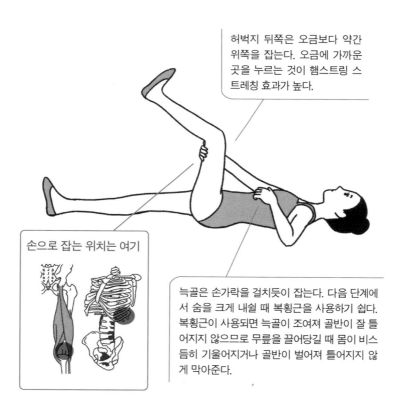

허벅지 뒤쪽은 오금보다 약간
위쪽을 잡는다. 오금에 가까운
곳을 누르는 것이 햄스트링 스
트레칭 효과가 높다.

손으로 잡는 위치는 여기

늑골은 손가락을 걸치듯이 잡는다. 다음 단계에
서 숨을 크게 내쉴 때 복횡근을 사용하기 쉽다.
복횡근이 사용되면 늑골이 조여져 골반이 잘 틀
어지지 않으므로 무릎을 끌어당길 때 몸이 비스
듬히 기울어지거나 골반이 벌어져 틀어지지 않
게 막아준다.

3 허벅지에 배를 대고 심호흡

포인트를 눌렀으면 다리 각도를 유지한 채 허벅지를 배 쪽으로
끌어당기며 숨을 내쉽니다.

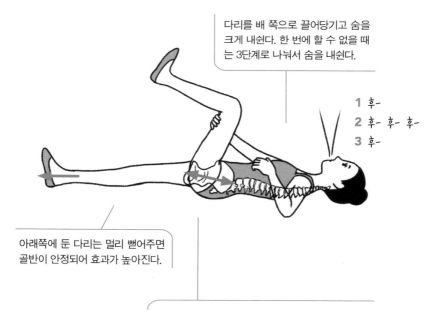

다리를 배 쪽으로 끌어당기고 숨을
크게 내쉰다. 한 번에 할 수 없을 때
는 3단계로 나눠서 숨을 내쉰다.

1 후-
2 후- 후- 후-
3 후-

아래쪽에 둔 다리는 멀리 뻗어주면
골반이 안정되어 효과가 높아진다.

발목 90도, 다리 90도를 유지한 상태에서 허벅지를
배 쪽으로 끌어당겨 장요근이 사용될 때 몸통이 무
너지지 않도록 유지한다.
몸통을 비스듬히 틀거나 무릎을 바깥쪽으로 향하
면 다리를 올리기 쉽지만, 그렇게 하지 않게 몸통을
단단히 유지하면서 다리를 움직일 수 있도록 고관
절의 가동 범위를 넓힌다.

4 끌어당긴 다리를 위로 늘리고 호흡한다

늑골이 좁아지므로, 좁아진 늑골을 손으로 잡아 유지하면서 발뒤꿈치
부터 다리를 위로 펴면서 코로 숨을 들이마십니다. 호흡이 끝나면 다
리를 내립니다.

바닥에 둔 다리는 길게 늘린다.

5 1~4를 몇 번 반복한다

허벅지를 배 쪽으로 끌어당깁니다 → 숨을 크게 내쉽니다 → 좁아진 늑골을 유지합니다 → 다리를 들어 올리면서 코로 숨을 들이마십니다

* 도중에 더 이상 늘어나지 않거나 몸에 힘이 들어가면 숨을 강하게 내쉬고 코로 숨을 들이마시는 호흡을 하면서 해준다.

자세를 유지하면서 심호흡을 하면 몸통을 유지한 상태에서 다리를 올릴 때 사용하고자 하는 안쪽 근육을 스트레칭할 수 있다.

끌어당긴 쪽 다리는 배를 이용하여 다리를 올리기 쉽게 하거나 올리는 다리의 각도를 높인다.

발뒤꿈치와 좌골이 멀어지도록 스트레칭하면 실제로 서서 다리를 들어 올릴 때 골반이 틀어져 엉덩이에 체중이 실리거나 도중에 다리가 굽혀지는 것을 방지할 수 있다.

몇 번 반복함에 따라 허벅지를 배에 붙이기 쉬워집니다. 다리도 위로 늘리기 쉬워져 오금을 포함한 좌골부터 발뒤꿈치까지 다리 뒤쪽 전체가 늘어납니다.

참고: 피브라플렉스법(다리를 펴고 앉은 상태에서 발목을 움직여 다리를 포함하여 온몸을 펴는 동작)을 병행하면 다리부터 온몸이 더욱 정돈되고 사용하기 편해진다.

족태양방광경 활성화시키기

몸의 뒤쪽에서 연결된 곳을
한꺼번에 풀어준다

동양 의학에서 말하는 경락의 하나로, 새끼발가락에서 얼굴까지 몸의 뒤쪽을 연결하는 경락을 '족태양방광경足太陽膀胱經'이라고 합니다. 그 경락을 효율적으로 활성화시키는 방법을 알려드립니다.

체크
* □에 체크하는 분들에게 추천합니다

★ 생활습관

□ 장시간 책상에서 일하여 등이 굽었다

□ 눈이 심하게 피로하다

□ 목과 어깨 결림

□ 조이는 듯한 두통

★ 발레를 할 때 생기는 문제

□ 팔이 위로 올라가지 않는다

□ 앞 캉브레가 힘들다

□ 바닥에 다리를 뻗고 앉기 힘들다

□ 햄스트링이 뻣뻣하다

□ 아킬레스건에 통증이 있다

□ 발끝으로 서서 바닥을 누를 수 없다

이런 분들에게 추천합니다

앞 캉브레가 힘들다

스마트폰
때문에
굽은 목

햄스트링이 뻣뻣하다

구부정한 자세

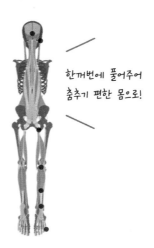

한꺼번에 풀어주어
춤추기 편한 몸으로!

상체를 풀어주는 방법

1 〈상체〉 등의 피부를 잡아서 가볍게 위로 당긴다

다리를 허리 너비로 벌리고 섭니다. 등 피부를 잡아서 가볍게 위로 당겨올립니다. 등 피부를 잡는 위치는 손이 닿는 범위에서 합니다. 등 아래쪽 피부부터 잡아줍니다.

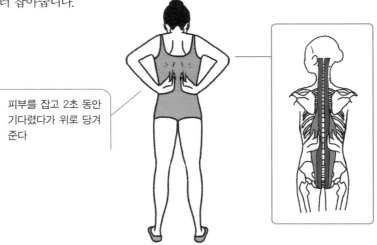

피부를 잡고 2초 동안
기다렸다가 위로 당겨
준다

2 〈상체〉 잡아서 위로 당긴 채 한 번 가볍게 쪼그려 앉는다

3 〈상체〉 상체를 앞으로 숙인다

등이 스트레칭되어 상체 뒤쪽이
퍼지기 쉬워집니다.

4 〈상체〉 좌골과 발뒤꿈치가 멀어지도록
오금을 늘린다

등이 스트레칭되어 상체 뒤쪽을 늘리기
쉬워집니다.

5 〈상체〉 손으로 잡는 위치를 바꿔서 같은 방법으로 실시한다

족태양방광경으로 연결된 등의 윗부분, 목, 눈썹까지, 손으로 잡는 부위를
바꿔서 2~4회 실시합니다.

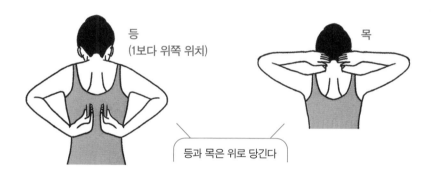

등
(1보다 위쪽 위치)

목

등과 목은 위로 당긴다

눈썹

눈썹까지 하면 점점 더 늘릴 수 있는 범위가
달라집니다. 몸을 더 깊게 굽힐 수 있게 되고,
다리에 머리가 가까워지는 것을 느낄 수 있을
것입니다. 등과 허벅지 뒤쪽이 늘어나면서 유
연성이 높아지기 때문입니다.

눈썹은
아래로 당긴다

＊ 등의 피부가 잘 잡히지 않는 분들은 42
쪽 〈셀프 튜닝 5〉를 참조하여 견갑골 주변
을 먼저 풀어주면 더 쉽게 할 수 있습니다.

6 〈하체〉 바닥에 다리를 뻗고 앉아 좌골과 발뒤꿈치를 누른다

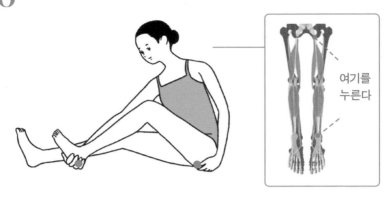

여기를
누른다

7 〈하체〉 다리를 굽혔다 펴서 좌골과 발뒤꿈치가 멀어지도록 늘린다

일단 무릎을 배 쪽으로 끌어당긴 후 좌골과 발뒤꿈치가 멀어지도록
오금을 펴줍니다.

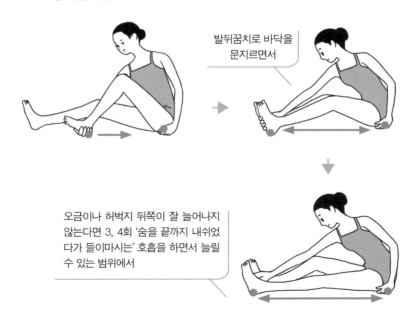

발뒤꿈치로 바닥을
문지르면서

오금이나 허벅지 뒤쪽이 잘 늘어나지
않는다면 3, 4회 '숨을 끝까지 내쉬었
다가 들이마시는' 호흡을 하면서 늘릴
수 있는 범위에서

8 〈하체〉 좌골과 새끼발가락 주변을 누른다

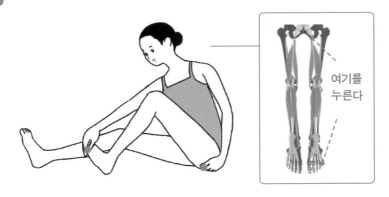

여기를
누른다

9 〈하체〉 다리를 굽혔다 펴서 좌골과 발뒤꿈치가 멀어지도록 다리를 늘린다

앞에서와 마찬가지로 무릎을 배 쪽으로 끌어당긴 후 좌골과 발뒤꿈치가
멀어지도록 다리를 늘립니다. 종아리의 아킬레스건 등 골반부터 아래 뒤
쪽의 근육이 효율적으로 스트레칭됩니다.

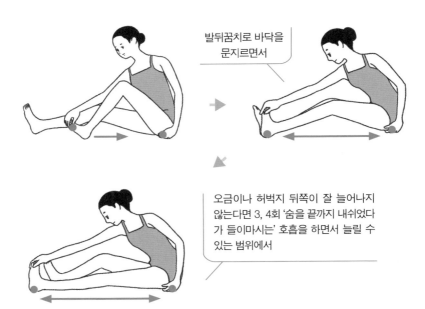

발뒤꿈치로 바닥을
문지르면서

오금이나 허벅지 뒤쪽이 잘 늘어나지
않는다면 3, 4회 '숨을 끝까지 내쉬었다
가 들이마시는' 호흡을 하면서 늘릴 수
있는 범위에서

손의 연결과 연동하여 풀어주기
등에서부터 팔을 쓸 수 있게 하여 몸통의 힘을 키운다

이론

〈손의 연결과 연동하여 풀어주기〉를 왜 할까?

손과 팔의 도움을 받으면 몸통을 사용할 수 있는 양이 두 배로 늘어납니다. 각 손가락의 연동을 알면 발레를 할 때 약한 부분을 강화하거나 더 늘리고 싶은 부분을 서포트할 있습니다.

손가락의 연동은 손과 몸통, 다리를 연결하여 센터 워크도 더 잘할 수 있게 됩니다.

각 손가락을 연동하면 어떤 효과가 있을까요?

예를 들어, 엄지손가락의 밑부분과 다른 손가락의 밑부분을 마주 보도록 가까이하면 각 손가락의 연동을 활성화시킬 수 있습니다.

이때 움직이는 것은 손등의 뼈입니다.

손등의 뼈가 손목에 끼워진 상태에서 손가락의 밑부분이 가까워지면 손가락을 쭉 뻗은 채로 물건을 잡는 느낌이 듭니다.

손가락에 힘이 '꾹' 들어가는 느낌은 아닙니다.

손과 몸통을 연결하는 힘은 '손바닥'으로 쥐는 힘으로 결정되기 때문에 손가락에 너무 힘을 주지 않고 손바닥으로 물건을 잡을 수 있게 되면, 각 손가락의 연동에 따라 여러 가지 좋은 점이 있습니다.

'엄지손가락과 가운뎃손가락'의 연결

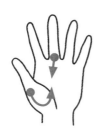

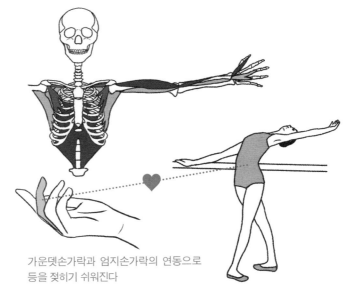

전거근
↓
견갑골 아래쪽을
등 쪽으로 눌러 붙인다
↓
등이 젖혀지기 쉽다

가운뎃손가락과 엄지손가락의 연동으로
등을 젖히기 쉬워진다

엄지손가락은 어깨 앞쪽에서 가슴, 늑골, 횡격막까지, 가운뎃손가락은 견갑골 앞쪽과 옆구리와 연결됩니다.

발레를 할 때 특히 포인트가 되는 것은 옆구리에 있는 전거근입니다.

이곳은 견갑골 뒤쪽에서 옆구리를 연결하는 근육입니다.

견갑골 아래쪽이 등을 눌러주면 등을 뒤로 젖히기 쉽습니다. 그만큼 젖혀진 허리나 오리 엉덩이가 되는 일이 적어집니다.

견갑골을 옆구리에 붙이는 동작은 '어깨를 내리는' 동작이기도 합니다.

또한, 늑골이 벌어지는 것을 막아주므로 복근을 사용하기 쉬워지고, 골반의 틀어짐을 막아주며, 다리를 들어 올릴 때 몸통을 유지하는 데도 도움이 됩니다.

'엄지손가락과 새끼손가락'의 연결

안쪽으로 끌어당기는 근육과
목을 돌리는 근육
↓
중심축으로 모으기 쉽다
안쪽 무게중심이 되기 쉽다

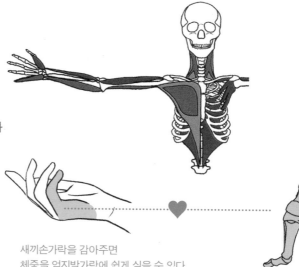

새끼손가락을 감아주면
체중을 엄지발가락에 쉽게 실을 수 있다.

새끼손가락은 상완의 뒤쪽, 옆구리 뒤, 견갑골 뒤부터 목, 앞쪽으로는 가슴과 배꼽까지 이어집니다.

발레에서 특히 포인트가 되는 것은 안쪽으로 끌어당기는 근육과 목을 돌리는 근육입니다. 둘 다 축을 안쪽으로 모으는 데 사용됩니다.

예를 들어, 아 나방en avant이나 앙 오en haut 자세는 팔로 원을 만들어 끌어당김으로써 중심축으로 모으기 쉽게 하는 작용이 있습니다. 내전근(허벅지 안쪽 근육)을 이용해 다리를 쉽게 끌어당기고, 파세를 유지하며, 피루에트으로 회전할 때 상체가 무너지지 않도록 하는 데도 사용됩니다.

새끼손가락의 밑부분을 엄지손가락에 가까이 가져가는 동작(새끼손가락 감기)은 엄지발가락에 체중을 쉽게 실을 수 있도록 도와줍니다.

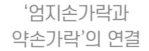

'엄지손가락과 약손가락'의 연결

흔들림 방지, 균형 감각

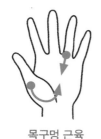

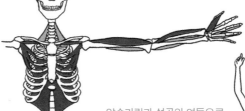

목구멍 근육
↓
설골을 중심으로
머리, 아래턱, 견갑골이 연결된다
↓
목을 길게 유지하여
머리 위치를 유지. 흔들림 방지

약손가락과 설골의 연동으로
상체의 흔들림을 흡수

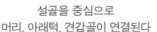

약손가락은 상완의 뒤쪽, 견갑골 위, 목구멍으로 이어집니다.

발레에서 특히 포인트가 되는 것은 목구멍 부분입니다.

울대뼈(결후) 위에는 설골이라는 뼈가 있습니다. 약손가락은 이 설골을 중심으로 머리, 아래턱, 견갑골과 연동되어 있습니다.

이것이 머리의 흔들림을 막아주는 역할을 합니다. 머리, 턱, 견갑골을 연결함으로써 목이 움츠러들어 짧아지지 않도록 머리의 위치를 유지해 균형을 잡아줍니다.

발끝으로 섰을 때의 균형 조정은 아래를 참고하기 바랍니다.

· 엄지발가락으로 지탱하기 어려운 경우 등, 발로 지탱하는 균형을 잡기 힘들다면 새끼손가락을 감아 균형을 잡는다.

· 머리나 상체의 흔들림이 심하다면 약손가락으로 균형을 잡는다.

'엄지손가락과 집게손가락'의 연결

유연성·가동 범위 UP

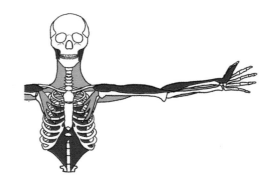

집게손가락이
굽혀진다
↓
어깨 근육과 목, 머리
↓
긴장하여 어깨가 올라간다,
늑골이 벌어진다,
종아리에 힘이 들어간다,
골반(선장관절)이 불안정해진다

집게손가락은 어깨 근육과 목, 머리로 연결됩니다.

집게손가락의 경우 다른 손가락과 달리 발레에서 특히 포인트가 되는 것은 긴장으로 굳어지는 부분입니다. 집게손가락의 연결 부위에는 긴장으로 굳어지는 부분이 있습니다. 그런 부분에 힘이 들어가서 구부러지면 다음과 같은 일이 일어납니다.

· 목이 움츠러들면서 어깨가 올라간다

· 늑골이 벌어지기 쉽다

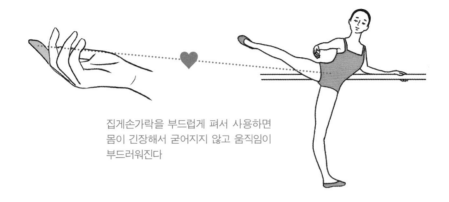

집게손가락을 부드럽게 펴서 사용하면
몸이 긴장해서 굳어지지 않고 움직임이
부드러워진다

· 골반이 불안정해진다

· 종아리에 힘이 들어가기 쉽다

집게손가락을 부드럽게 뻗으면 머리부터 어깨가 불필요한 긴장으로 수축
되지 않아 가동 범위나 몸통을 유지하는 데 방해가 되지 않습니다. 예를 들
면, 앙 오를 할 때 어깨의 움직임을 원활하게 해줍니다. 또한 바트망 등에서
다리를 들어 올릴 때 허벅지 뒤쪽 등, 몸의 뒤쪽 근육이 부드러워져 다리를
올리기 쉬워집니다.

손의 연동을 활성화시키자!

손의 연동은 팔, 견갑골에서 몸통, 그리고 머리까지 연결됩니다. 이 연동을 활성화시키는 열쇠는 손바닥만으로 골프공 같은 물건을 잡을 수 있는 것입니다. 발레 레슨에서는 이 손의 모양으로 바를 이용해 몸을 지탱하거나, 손의 모양을 아름답게 유지하면서 다리를 여러 방향으로 움직여 손과 발, 그리고 몸통을 연결합니다.

그렇게 하면 가동 범위와 유연성도 늘어나고, 빠른 동작을 하거나 균형을 잡기도 쉬워집니다.

그래서 손의 모양을 아름답고 유연하게 사용할 수 있도록 하는 것도 몸의 연동을 활성화시키는 열쇠가 됩니다.

하지만 '손 모양을 의식하기 어렵다', '손바닥으로 잡는 감각을 의식하기 어렵다', '레슨 중에 못할 것 같다'고 생각하는 분들도 있을 수 있습니다.

그래서 손가락의 연동과 견갑골의 움직임, 그리고 팔의 비틀림을 조합하여 연동하기 쉬운 상태를 미리 만드는 방법을 소개합니다.

체크

* □에 체크하는 분들에게 추천합니다

★ 틀어진 자세 관련

□ 어깨와 견갑골의 움직임이 뻣뻣하다, 어깨가 결린다

□ 구부정한 자세, 젖혀진 허리가 되기 쉽다

□ 목의 움직임이 좋지 않다

★ 발레를 할 때 생기는 문제

□ 등 위쪽을 사용하여 젖히기 힘들다

□ 다리가 무거워 다리를 높이 올릴 수 없다, 고관절이
  뻣뻣하다

□ 팔꿈치가 내려가거나 골반이 틀어지는 등 자세가
  흐트러지기 쉽다

□ 균형을 잡기 어렵다, 바깥쪽 무게중심이 되기 쉽다

* 주로 다리에 너무 힘을 줘서 몸통을 잘 사용하지 못하는 사람에게 추천합니다.

1

엄지손가락과 다른 손가락의 밑부분을 손으로 누른 채로 가까이 붙인다
(엄지손가락과 가운뎃손가락을 예로 들어 설명합니다)

손가락 밑부분이 마주 보도록 가까이 가져가는 것이 포인트입니다.
손가락 밑부분이 가까워지면 자연스럽게 손가락이 붙게 되므로 그 상태에서
다음 단계로 넘어갑니다.

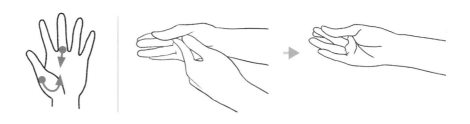

2
팔을 굽혀서
손을 어깨에 얹는다

3
반대쪽 손으로 팔꿈치를 잡고
가운데로 끌어당긴다

이때 팔꿈치의 움직임에 따라
견갑골도 회전합니다.

4 머리를 옆으로 기울여서 팔꿈치 앞으로 오게 한 후 심호흡을 한다
(입으로 내쉬고 코로 들이마신다)

5 호흡을 하면서 팔을 위로 늘린다

호흡을 하면서 팔을 위로 늘립니다. 팔꿈치를 고정한 채 팔을 위로 뻗으려고 하면 견갑골이 움직이지 않아 팔을 위로 늘릴 수 없습니다. 움직임이 멈춘 상태에서 한 번 호흡을 하면 옆구리와 견갑골이 움직이면서 팔을 위로 늘릴 수 있게 됩니다.

손가락은 붙인 채로

손가락은 붙인 채로

6 팔을 위로 뻗은 다음 손목을 안쪽으로 돌린다

이렇게 하면 견갑골, 옆구리, 팔꿈치의 움직임이 부드러워져 팔 동작과 상체의 연동이 쉬워집니다.

모든 손가락을 풀어주는 것이 최고!

손가락 연동을 풀어주는 것은 레슨 전에 모두 해주면 가장 좋습니다. 이유는 다음과 같습니다.

- 가운뎃손가락의 연동을 풀어주면 어깨를 내리거나 옆구리를 세우거나 등을 세우고, 복근을 사용하기 쉽게 하여 뒤로 젖혀진 허리를 예방합니다.
- 약손가락과 새끼손가락은 균형과 관련이 있습니다. 약손가락의 연동을 풀어주면 머리의 흔들림을 줄여주고, 새끼손가락의 연동을 풀어주면 엄지발가락에 힘을 쉽게 줄 수 있게 되어 안쪽 무게중심을 잡기 쉽게 해줍니다.
- 집게손가락의 연동을 풀어주면 앙 오를 할 때 어깨의 움직임을 부드럽게 하고 좌골이 안정되어 햄스트링이 쉽게 늘어날 수 있게 해줍니다.

모든 손가락이 연결되어 있는 것이 당연히 움직이기 쉬우므로 손가락 연동을 풀어주는 것은 모든 손가락을 해주면 가장 효과적입니다. 1, 2분 정도면 충분히 할 수 있습니다.

하지만 시간이 없어서 모든 손가락을 다 할 수 없다면, 효율적인 순서가 있습니다.

가운뎃손가락, 새끼손가락, 약손가락, 집게손가락의 순서가 가장 좋습니다. 그 이유는 손가락마다 연동 범위의 넓이에 차이가 있기 때문입니다.

가운뎃손가락은 어깨를 내리거나 옆구리를 세우거나 등을 세우고, 복근

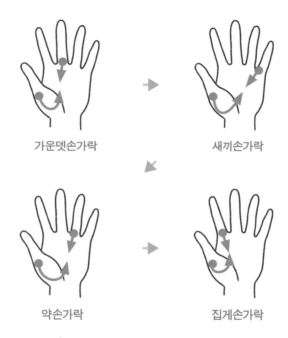

가운뎃손가락

새끼손가락

약손가락

집게손가락

을 사용하기 편하게 하고 허리가 뒤로 젖혀지는 것을 줄여주기 때문에 거의 모든 경우에 연동됩니다.

　새끼손가락은 무게중심을 안쪽으로 끌어당기기 때문에 안쪽 근육을 사용할 때 연동됩니다.

　나머지 두 손가락은 +a로 사용하면 좋겠지요.

발레의 손 모양을 아름답게 유지하자

발레의 손 모양을 의식하면
'몸의 연결'이 활성화된다

발레의 손 모양을 아름답게 유지하는 것을 의식하는 것만으로도 몸의 '연결'이 작동하므로, 거기서부터 신경을 써보기 바랍니다.

집게손가락을 펴면 좌골이 안정되고 햄스트링이 늘어나기 쉬워집니다.

엄지손가락과 가운뎃손가락을 각각 뻗은 채로 서로 가까이 가져가면 손바닥에 힘이 들어가서 옆구리를 세우거나 등을 세우는 데 도움이 됩니다.

약손가락을 뻗은 상태에서 손가락의 밑부분을 손목에 가까이 가져가면 를르베를 할 때 흔들림을 줄일 수 있고, 새끼손가락도 같은 방법으로 하면 무게중심을 안쪽으로 잡기 쉬워집니다.

레슨 중에 가장 어긋나기 쉬운 것은 새끼손가락이므로 새끼손가락만 신경 써도 균형을 잡기 쉬워집니다.

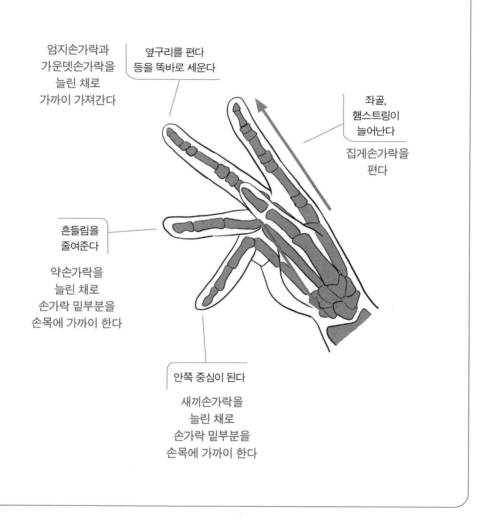

엄지손가락과
가운뎃손가락을
늘린 채로
가까이 가져간다

옆구리를 편다
등을 똑바로 세운다

좌골,
햄스트링이
늘어난다

집게손가락을
편다

흔들림을
줄여준다

약손가락을
늘린 채로
손가락 밑부분을
손목에 가까이 한다

안쪽 중심이 된다

새끼손가락을
늘린 채로
손가락 밑부분을
손목에 가까이 한다

\ 어렵거나 힘든 발레 동작을 잘하고 싶을 때 /
해야 할 것들

'호흡'과
'몸의 연결'을 토대로 한
14가지 바 워크 비결

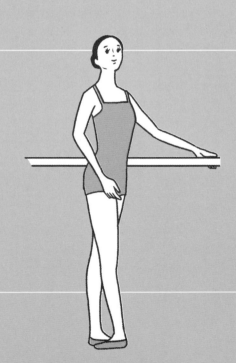

일반적인 바 워크 동작은 아래 표와 같이 분류할 수 있습니다.

동작의 목적을 읽어보면 '기초를 만드는' 부분이 모든 것의 토대가 된다는 것을 알 수 있습니다.

표를 참조하여 발레를 하면서 여러분이 느꼈던 문제점들을 체크하고 어떻게 하면 빨리 좋아질 수 있는지 알아보고, 발레 레슨에 꼭 활용해보기 바랍니다.

참조할 쪽	바 워크 동작	동작의 목적
90~111쪽	플리에, 캉브레, 를르베	기초 만들기
112~131쪽	탕뒤, 주테, 롱 드 장브	다리의 동작과 고관절의 가동 범위 넓히기
132~155쪽	쿠드피에, 르티레, 퐁뒤, 수트뉘 앙 트루낭	어려운 동작의 예비 동작
156~172쪽	바트망 프라페, 프티 바트망, 바트망 바튀	축 만들기 & 속도 높이기
173~192쪽	롱 드 장브 앙 레르, 데블로페, 그랑 바트망	크게 움직이기

플리에 :

플리에와 포르 드 브라의 연동으로 바닥을 누를 수 있는 몸통을 만든다!

플리에plié는 다리를 굽혔다가 펴는 동작입니다.

작게 굽히는 '드미 플리에demi plié', 크게 구부리는 '그랑 플리에grand plié'가 있는데, 모든 동작의 기본이 되는 동작입니다.

자신의 몸을 스프링으로 삼아 에너지를 축적함으로써 피루에트의 회전력과 점프력, 점프에서 착지 시 쿠션이 되기도 하고, 발레 동작을 매끄럽게 연결해주는 역할을 합니다.

플리에를 통해 아킬레스건을 잘 늘려두면 발뒤꿈치 통증이나 다리가 덜 펴지는 것을 막을 수 있습니다.

: 발레 교정의 요령에는 '왕관 마크'가 붙어 있습니다.

[드미 플리에]   준비   한 손을 바 위에 올려놓고 두 발의 발뒤꿈치를 붙인 채로 1번 자세로 선다.

1 프레파라시옹부터 시작하고, 얼굴은 앞을 본다

프레파라시옹préparation은 발레를 시작하기 전 준비 동작이다. 겨드랑이에 공을 끼우듯 팔을 몸통에서 떼어내어 아래로 내려놓는 앙 바en bas에서 바구니를 감싸 안은 듯한 손 모양(아 나방)을 한 다음, 팔을 옆으로 펼치는 알 라 스공드à la seconde 자세를 한다.

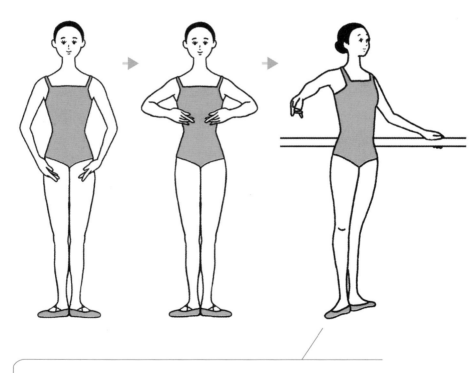

point : 발끝만 옆으로 돌리려고 하면 무릎 아래를 비틀게 된다. 내전근, 정강이 안쪽 뼈(경골), 족심(발바닥 한가운데)이 일직선인 채로 돌리면 고관절을 돌리기 쉽고 발뒤꿈치도 앞으로 나오기 쉽다.

2 프레파라시옹으로 몸통의 중심을 잡았으면, 드미 플리에

천천히 다리를 좌우 바깥쪽으로 벌리면서 가볍게 굽힌다.

이때 허리가 위아래로 늘어나는 느낌으로 하면 몸을 곧게 편 채로 쪼그려 앉기 쉬워진다.

그런 다음, 다리를 펴면 천천히 다리가 닫히면서 다시 1번 자세로 돌아간다.

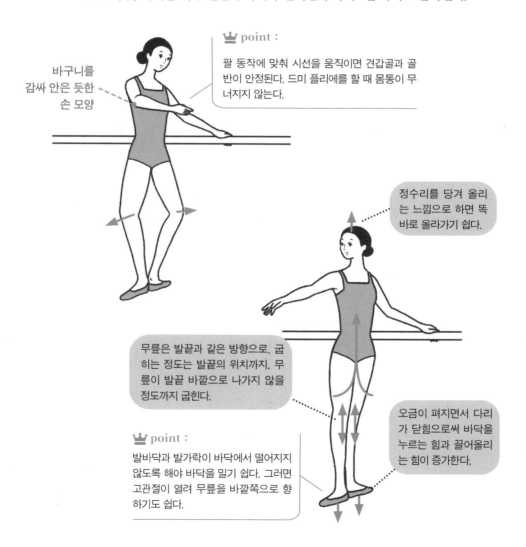

바구니를 감싸 안은 듯한 손 모양

point :
팔 동작에 맞춰 시선을 움직이면 견갑골과 골반이 안정된다. 드미 플리에를 할 때 몸통이 무너지지 않는다.

정수리를 당겨 올리는 느낌으로 하면 똑바로 올라가기 쉽다.

무릎은 발끝과 같은 방향으로. 굽히는 정도는 발끝의 위치까지. 무릎이 발끝 바깥으로 나가지 않을 정도까지 굽힌다.

오금이 펴지면서 다리가 닫힘으로써 바닥을 누르는 힘과 끌어올리는 힘이 증가한다.

point :
발바닥과 발가락이 바닥에서 떨어지지 않도록 해야 바닥을 밀기 쉽다. 그러면 고관절이 열려 무릎을 바깥쪽으로 향하기도 쉽다.

[그랑 플리에]

3 드미 플리에에서 1번으로 돌아와서, 그랑 플리에를 준비

손바닥을 아래로 향하게 하고 팔을 약간 올리면서 늘리는 알롱제allongé를 하면서 숨을 들이마신다. 시선은 손끝을 바라본다.

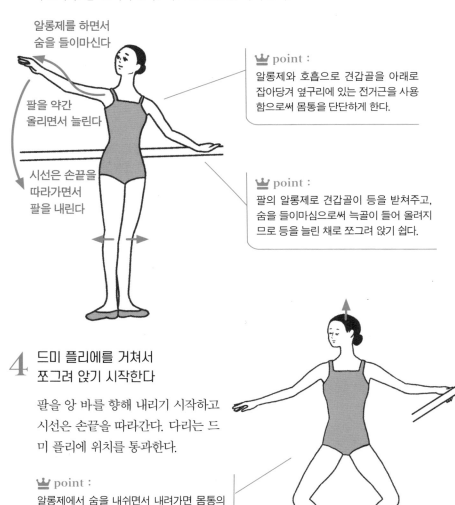

알롱제를 하면서
숨을 들이마신다

팔을 약간
올리면서 늘린다

시선은 손끝을
따라가면서
팔을 내린다

👑 point :
알롱제와 호흡으로 견갑골을 아래로
잡아당겨 옆구리에 있는 전거근을 사용
함으로써 몸통을 단단하게 한다.

👑 point :
팔의 알롱제로 견갑골이 등을 받쳐주고,
숨을 들이마심으로써 늑골이 들어 올려지
므로 등을 늘린 채로 쪼그려 앉기 쉽다.

4 드미 플리에를 거쳐서
쪼그려 앉기 시작한다

팔을 앙 바를 향해 내리기 시작하고
시선은 손끝을 따라간다. 다리는 드
미 플리에 위치를 통과한다.

👑 point :
알롱제에서 숨을 내쉬면서 내려가면 몸통의
근육이 사용되어 골반이 틀어지거나 엉덩이
가 뒤로 빠지지 않는다.

5 그랑 플리에

가장 깊은 곳까지 내려간 다음, 멈추지 않고 바로 돌아오기 시작한다.

드미 플리에에서 멈추지 않고 다리를 계속 굽히면 아킬레스건이 늘어나면서 발뒤꿈치가 자연스럽게 바닥에서 떨어진다.

6 드미 플리에를 거쳐 올라오기 시작한다

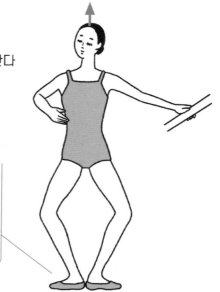

👑 point :
몸의 중심을 위아래로 늘린다는 것을 계속 의식하면서 발뒤꿈치로 바닥을 꽉 누르면 발가락이 바닥에 붙어 있어 고관절이 열리기 쉽다. 엉덩이가 뒤로 빠지지 않고 균형을 유지하기도 쉽다.

7 1번으로 돌아온다

팔을 알 라 스공드로 벌리면서 양쪽 다리를 닫아 1번 자세로 돌아온다.

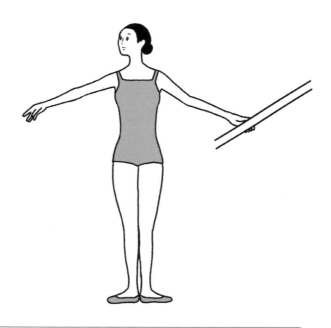

드미 플리에와 그랑 플리에는 일련의 팔 동작에 맞춰서 하면 몸 안쪽이 스트레칭되어 위아래로 늘어나기 때문에 바에 의존하지 않고 몸을 들어 올리기 쉬워집니다.

플리에가 힘들다면?

□ 발가락이 떠 있지 않나요?

플리에를 할 때는 바닥에서 떨어진 발가락 수가 적을수록 고관절을 움직이기 쉽습니다.

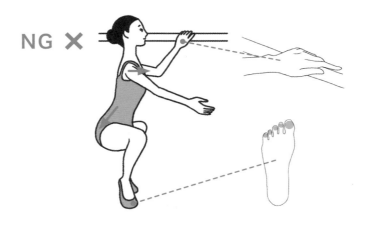

□ 엉덩이가 뒤로 빠지거나 어깨가 앞으로 나오지는 않았나요?

쪼그려 앉거나 다리를 펴고 서 있을 때 팔로 몸통을 지탱하지 못하면 무릎이 앞쪽을 향하거나 어깨가 앞으로 나오거나 엉덩이가 뒤로 빠집니다.

□ 팔꿈치가 떨어지거나 허리가 뒤로 너무 젖혀져 있지는 않나요?

바를 잡은 손의 새끼손가락 안쪽이 바에서 떨어지지 않아야 합니다.

움직일 때 새끼손가락이 바에서 떨어지지 않으면 옆구리가 조여져 상체를 끌어올리기 쉬워집니다.

반대로 자세가 힘들어지면 바에 얹은 손의 새끼손가락이 떨어집니다.

이렇게 되면 팔꿈치가 내려가고 복근의 힘이 풀려서 뒤로 젖혀진 허리가 되기 쉬우므로 주의해야 합니다.

□ 발끝과 무릎의 방향이 맞나요?

무릎은 발끝과 같은 방향으로 움직여야 부드럽게 움직입니다.

발끝과 무릎의 방향이 맞지 않는 상태에서 다리를 옆으로 벌리려고 하면 무게중심이 뒤로 쏠려 엉덩이가 튀어나오거나 무릎이 앞쪽을 향하게 됩니다.

팔 동작을 함께 해주면
몸의 안쪽이 늘어나서
바닥을 밀어낼 수 있다!

발레 레슨에서는 팔 동작(포르 드 브라port de bras)을 함께 하는 경우가 많을 것입니다. 왜 손을 보면서 팔다리를 함께 움직이는 것일까요?

가장 큰 이유는 몸 안쪽의 근육을 연결함으로써 팔다리를 사용하기가 훨씬 쉬워지기 때문입니다.

예를 들어, 플리에에서 쪼그려 앉았다가 오금을 펴고 일어설 때 손을 보면서 옆으로 벌릴 때 등을 비틀어줍니다.

이때 배가 너무 옆으로 벌어지거나 어깨가 뒤로 젖혀지지 않도록 늑골과 골반을 닫고 있으면 상체가 조여지는 느낌이 들게 됩니다.

다리를 뻗으면 허벅지는 안쪽으로 회전하는데, 상체에서 이어지는 회전력과 턴 아웃을 유지하면 힘이 나선형으로 작용해 드릴이나 나사못을 돌리듯이 '밀면서 돌리는' 동작을 할 수 있습니다.

이때 몸의 안쪽이 위아래로 늘어나므로 몸을 끌어올리는 힘으로 바닥을 밀어낼 수 있게 되는 것입니다.

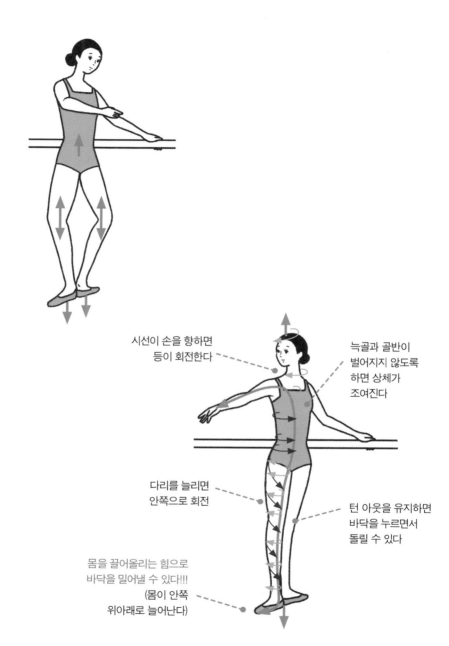

시선이 손을 향하면
등이 회전한다

늑골과 골반이
벌어지지 않도록
하면 상체가
조여진다

다리를 늘리면
안쪽으로 회전

턴 아웃을 유지하면
바닥을 누르면서
돌릴 수 있다

몸을 끌어올리는 힘으로
바닥을 밀어낼 수 있다!!!
(몸이 안쪽
위아래로 늘어난다)

캉브레 :

흔들리지 않는 축을 만든다 | 하기 힘든 자세가 있을 때 맨 먼저 검토하자!

캉브레cambré는 상체를 활처럼 휘는 동작입니다. 상체를 앞, 옆, 뒤로 휘는 동작에 팔 동작(포르 드 브라)이 더해져 있습니다.

이때 몸통과 팔을 함께 움직이면 균형을 잡을 때 흔들림을 줄이고, 들어 올린 다리를 유지하기 쉬우며, 유연성도 좋아집니다.

캉브레는 많이 휘면 좋다고 생각하는 경향이 있지만, 모양만 흉내 내면 큰 의미가 없습니다. 앞, 옆, 뒤의 세 방향으로 휘어지는 축이 중요합니다. 몸통이 휘어지는 만큼 중심이 되는 몸의 축도 흔들리지 않습니다

원리는 고층 빌딩의 내진 구조와 비슷합니다. 몸은 흔들려도 휘어진 몸통의 축이 몸을 지탱해주기 때문에 다리를 들어도 몸이 무너지지 않고 유지됩니다. 등의 유연성뿐만 아니라 고관절의 가동 범위도 쉽게 늘릴 수 있습니다. 다리를 더 높이 올리거나 보다 빠르게 올릴 수 있지요.

기본적으로 하기 힘든 동작이나 유지하기 어려운 자세가 있다면 캉브레를 연습하면 좋아지는 경우가 많습니다.

[앞 캉브레]

♛ **point :**
알롱제에서 숨을 들이마시면 견갑골이 등을 받쳐주고 늑골이 들어 올려져서 몸통이 흔들리지 않게 되고, 등 근육을 늘린 채로 몸을 앞으로 숙이기 쉬워진다.

준비 바 위에 가볍게 손을 얹고 1번 자세로 선다. 팔은 알 라 스공드. 시선은 옆을 향한다. 거기서 손바닥을 아래로 향하게 하고, 팔을 약간 들어 올려 늘리면서(알롱제) 숨을 들이마신다.

1 다리의 사타구니부터 접는다는 느낌으로
등 근육을 늘린 채로 상체를 앞으로 숙인다

👑 point : 몸을 앞으로 숙일 때 다리를 앞으로 올리는 데 필요한 복근을 강화할 수 있다.

👑 point : 숨을 내쉬고 손바닥을 보면서 진행하면 자세가 무너지기 쉽다. 숨을 내쉬는 양을 조절함으로써 복근을 이용해 코르셋처럼 몸통을 유지할 수 있다.

👑 point : 배꼽이 허벅지 윗부분에 가까워지도록 숙이면 장요근이 사용되어 등 근육을 늘린 채로 숙이기 쉽다.

상체를 90도 정도 앞으로 숙인 지점에서 숨을 내쉰다.

등을 늘리고 팔을 앞으로

↓

결과적으로 무릎을 본다

👑 point : 코로 숨을 들이마시고 일어나면 늑골을 통해 등이 들어 올려진다. 등을 뒤로 젖힐 때 필요한 등 근육 강화에 도움이 된다.

👑 point : 팔을 앙 오로 하면 척추기립근이 작용하여 등이 늘어나며, 그 결과 얼굴이 무릎을 향하게 된다.

이 동작은 단순히 앞으로 숙이기가 아니라 팔 동작과 몸통의 움직임을 결합한 동작이다!

[옆 캉브레]

 바 위에 손을 얹고 2번 자세로 선다. 팔은 알 라 스공드. 시선은 옆을 향한다. 손바닥을 아래로 향하게 하고, 팔을 약간 들어 올려서 늘리면서(알롱제) 숨을 들이마신다. 거기서부터 팔을 앙 오로 들어 올린다. 시선은 손끝을 보면서 움직임에 맞춰 움직인다.

알롱제를 하면서 숨을 들이마신다

👑 point :
시선이 따라가면서 팔을 앙 오로 올리면 몸을 옆으로 굽힐 때 흉추를 움직이기 쉽고, 옆구리가 무너지지 않는다.

👑 point :
손끝을 올려다보면 등이 늘어나서 몸통의 상부를 안정시킨다.

👑 point :
앙 오를 하면 축이 중심으로 모이므로 내전근과 복근을 쓰기 쉽다.

1 그 상태에서 옆으로 굽혀간다

팔은 앙 오를 유지한 채 상체를 옆으로 굽혀서 상체(측면)를 늘려준다.
허리 선이 무너지지 않을 정도로 상체를 굽힌다.

👑 point :
시선을 바 쪽으로 향하면 척추에 나선형
으로 힘이 더해져 강도가 높아진다. 옆
으로 덜 흔들리게 되며, 다리를 옆으로
올리기 쉬워진다.

👑 point :
골반을 평행하게 유지하면 골반의
흔들림을 보정하는 요방형근이 사
용된다. 파세를 할 때 골반이 틀어
지지 않게 된다.

👑 point :
앙 오를 유지한 채 상체를 굽히면 척
추를 이용해 굽히기 쉽다. 이 상태에
서 숨을 들이마시면 팔을 뻗고 있는
쪽의 측면이 늘어나고, 숨을 내쉬면
바 쪽의 복횡근이 작용하여 상체를
굽히기 쉽다.

[뒤 캉브레]

준비 바에 손을 얹고 4번 포지션으로 선다.
팔을 앙 오로 들어 올린다.

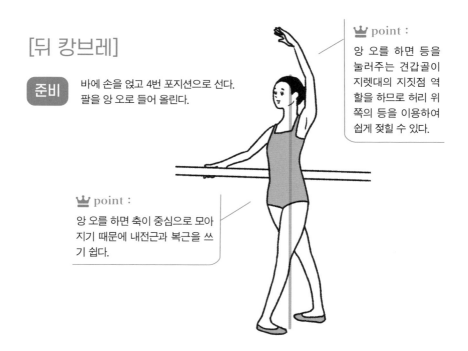

👑 point :
앙 오를 하면 등을
눌러주는 견갑골이
지렛대의 지짓점 역
할을 하므로 허리 위
쪽의 등을 이용하여
쉽게 젖힐 수 있다.

👑 point :
앙 오를 하면 축이 중심으로 모아
지기 때문에 내전근과 복근을 쓰
기 쉽다.

1 허리부터 위쪽을 늘리면서 뒤로 젖힌다

좌우 어깨는 수평을 유지한다.
뒤로 젖히기 전에 팔을 약간 앞으로 보내는 동시에
한 번 숨을 내쉬고 숨을 들이마시면 몸을 뒤로 젖힐
때 등 위쪽을 이용해 쉽게 젖힐 수 있다.

좌우 어깨는
수평을 유지한다

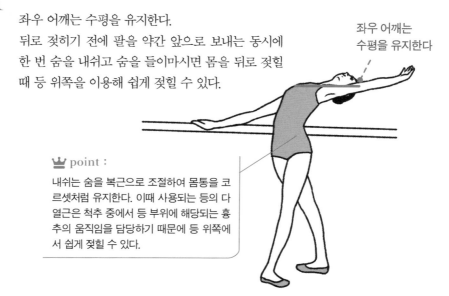

👑 point :
내쉬는 숨을 복근으로 조절하여 몸통을 코
르셋처럼 유지한다. 이때 사용되는 등의 다
열근은 척추 중에서 등 부위에 해당되는 흉
추의 움직임을 담당하기 때문에 등 위쪽에
서 쉽게 젖힐 수 있다.

2 상체를 일으켜 세우고 원래대로 돌아간다

팔을 옆으로 벌리면서 최종적으로 알 라 스공드 자세를 취하면서 돌아
온다. 시선은 손끝을 보면서 진행한다.

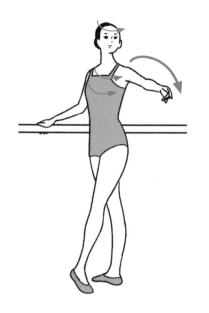

👑 point :

팔을 옆으로 벌리면서
상체를 일으킨다.
↓
상체에 회전력이 더해진다.
↓
상체를 일으킬 때 복근이 수축되어
등이 구부정해지는 것을 막아준다.

캉브레가 힘들다면?

□ 등 위쪽부터 굽힌 채로 상체를 숙이고 있지 않나요?

갑자기 깊게 앞으로 숙이는 자세를 취하려고 하면 등의 위쪽이 먼저 굽혀지므로 골반이 기울어지지 않아 장요근을 사용할 수 없게 됩니다. 결과적으로 얼굴도 바닥에서 멀어지고 엉덩이가 뒤로 빠지기 쉽습니다.

□ 상체를 숙일 때 너무 급하게 숙이고 있지 않나요?

골반의 유형에 따라 앞으로 숙이기를 잘하는 사람이 있습니다. 이 경우에도 갑자기 앞으로 깊게 숙이는 것은 좋지 않습니다. 스트레칭은 가능하지만 복근을 사용하지 않기 때문에 나중에 퐁뒤, 그랑 바트망 등 다리를 앞으로 들어 올릴 때 힘들 수 있습니다.

□ 허리가 틀어졌거나 허리부터 움직이고 있지 않나요?

캉브레는 팔 동작과 호흡, 그리고 시선을 연동시켜 몸통을 쉽게 사용할 수 있게 해줍니다.

또 한 가지 중요한 것은 다리로 지탱하는 것입니다. 발레 교실에서 '허리부터 위쪽을 움직이세요'라는 주의를 많이 들을 것입니다.

하지만 허리부터 위쪽을 움직이려면 견갑골과 팔을 함께 움직이며 다리로 상체를 지탱하는 것이 필수적입니다.

캉브레를 할 때는 플리에와 세트를 이루는 경우가 많습니다. 즉, 허리 위쪽이 잘 움직이지 않는다면 플리에를 정확하게 하여 다리로 상체를 지탱하는 것이 중요합니다. 그랑 플리에를 할 때 다음과 같이 해봅니다.

① 알롱제를 한 다음 숨을 들이마신다.
② 발뒤꿈치가 일단 바닥에서 떨어지지만, 올라오기 시작하면 발뒤꿈치로 바닥을 밀면서 올라온다.

이 2가지만 잘 지켜도 캉브레를 할 때 등의 움직임이 달라질 것입니다.

를르베 :

발 전체 강화 | 가느다란 축으로 무게중심을 잡는 연습

를르베relevé는 발뒤꿈치를 들어 올려 아
테르(à terre, 발바닥을 바닥에 붙인 상태)에서 드미 포인
으로 올라가는 동작입니다. 발목, 발등, 발가
락을 강화하는 데 도움이 되며, 토슈즈를 신
고 발레를 하는 데 필요한 요소입니다.

'플리에로 탄력을 주어 한 번에 올라가는
경우'와 '발뒤꿈치를 그대로 올리는 경우'가
있는데, 여기서는 전자의 플리에와 캉브레 후
에 균형을 잡고 중심축을 의식하게 하는 방
법을 알려드리겠습니다.

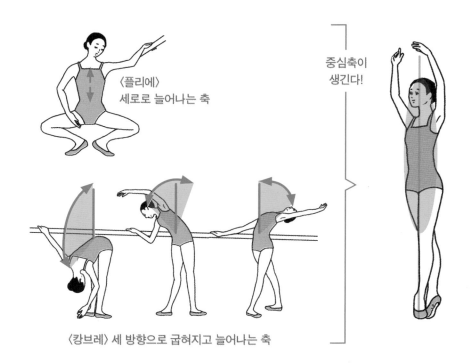

〈플리에〉
세로로 늘어나는 축

중심축이
생긴다!

〈캉브레〉 세 방향으로 굽혀지고 늘어나는 축

양쪽 다리로 체중을 받치는 플리에와 몸통과 팔을 더해 세 방향으로 몸통을 움직이는 캉브레가 한 차례 끝나면 중심축이 만들어져 있을 것입니다.

발레 레슨에서는 5번 자세로 플리에와 캉브레가 한 차례 끝난 다음, 팔을 앙 오로 올리고 다리를 편 채로 발뒤꿈치를 그대로 들어 올려 발가락으로 서는 를르베를 많이 합니다.

이때 5번 자세를 하기 위해 모은 축과 5번 자세의 캉브레에서 몸통을 활처럼 휘어서 모은 축이 흔들리지 않도록, 중심축을 의식하면서 몸을 끌어올립니다.

를르베로 서 있을 때는 앙 드오르를 유지하며 다리를 풀지 않고 끝까지 늘려줍니다.

몇 초 동안 를르베를 유지한 다음 다리를 편 채로 내려옵니다.

를르베가 힘들다면?

□ 앙 오를 할 때 어깨가 올라가지 않나요?

어깨가 올라간다면 견갑골과 팔 동작, 호흡이 맞물리지 않았기 때문입니다. 그랑 플리에에서 쪼그려 앉기 전이나 캉브레에서 몸을 앞으로 숙이기 전에 하는 '알롱제를 한 다음 숨을 들이마시는 부분'에 주의를 기울이면 견갑골과 옆구리를 이어주는 전거근이 사용되어 팔이 부드럽게 올라가기 쉬워집니다.

또한, 옆 캉브레로 몸을 굽힐 때 앙 오를 유지하면서 굽히는 것을 염두에 두면 옆구리를 쉽게 올릴 수 있습니다.

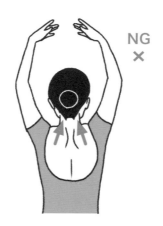

어깨(견갑골)가 올라가버린다

□ 발끝으로 서 있을 때, 발가락이 굽어 있지
는 않나요?

발가락 문제는 앙 드오르가 풀려서 무릎
이 앞을 향하거나 발목이 앞을 향하게 되면
서 발생합니다. 플리에를 할 때 '발가락이 바
닥에서 떨어지지 않도록 함으로써 고관절을
쉽게 열기', 그랑 플리에를 할 때 '아킬레스건
이 늘어난 다음 발뒤꿈치를 바닥에서 떼기'
'발뒤꿈치로 바닥을 밀어내기' 등을 많이 연
습하면 좋습니다.

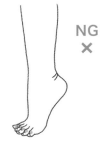

발가락이 굽어 있다

□ 새끼발가락에 체중이 실리거나(바깥쪽 무
게중심), 안짱발이 되어 있지는 않나요?

바깥쪽 무게중심은 몸통이 옆으로 흔들림
에 취약하다는 신호입니다. 위의 항목에 더해
옆 캉브레를 하면서 몸의 측면을 좌우로 늘려
주면 옆으로 흔들리지 않고 무게중심을 안쪽
으로 유지하기 쉬워집니다.

새끼발가락 중심
(바깥쪽 무게중심)이 되어 있다

탕뒤 :

한쪽 다리로 설 때 축을 강화 │ 발끝까지 사용할 수 있게 해주는 가장 중요한 동작

탕뒤tendu는 한 다리로 서서 다른 다리를 차는 동작과 다리를 펴고 발가락을 사용하는 동작이 합쳐져 있습니다. 다리를 세 방향으로 늘림으로써 카메라의 삼각대처럼 몸을 지탱할 뿐 아니라, 한 다리로 서 있을 때 축의 감각을 익히고 발등을 만드는 훈련도 됩니다.

1번 탕뒤와 5번 탕뒤 효과의 가장 큰 차이점은 축의 강화입니다. 5번 포지션으로 돌아올 때 중심축이 더욱 강화됩니다.

[5번 앞 탕뒤]

준비

한 손을 바 위에 올려놓고 5번 자세로 선다.
팔은 알 라 스공드. 시선도 옆을 향한다.

1 움직이는 다리를 발뒤꿈치부터 앞으로 내밀기 시작한다
발끝은 바닥에 붙인 채로 바닥 위를 미끄러지듯 움직인다.

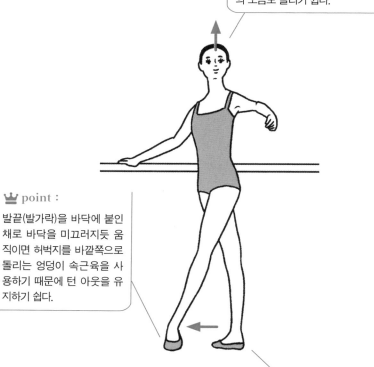

♕ point :
다리만 앞으로 내밀면 골반이 틀어져
몸이 기울고 다리도 덜 펴진다. 서 있는
다리를 축으로 키가 커지는 이미지를
그리며 몸을 늘리면, 앞으로 내미는 쪽
의 오금도 늘리기 쉽다.

♕ point :
발끝(발가락)을 바닥에 붙인
채로 바닥을 미끄러지듯 움
직이면 허벅지를 바깥쪽으로
돌리는 엉덩이 속근육을 사
용하기 때문에 턴 아웃을 유
지하기 쉽다.

♕ point :
발뒤꿈치부터 앞으로 내밀기 시작하면 발바닥을 펴는
데 도움이 된다. 발뒤꿈치가 잘 떨어지지 않게 되고,
발끝을 늘렸을 때 안짱발이 되는 것을 막을 수 있다.

2 발등을 늘리고
발끝까지 다 늘린 곳에서 멈춘다

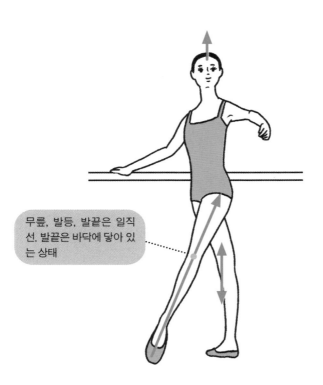

무릎, 발등, 발끝은 일직선. 발끝은 바닥에 닿아 있는 상태

3 발끝까지 다 늘린 다음, 움직이는 다리를 5번으로 돌아온다

돌아올 때는 발끝부터 몸 쪽으로 끌어당기듯이 바닥을 미끄러지듯 움직여 5번 포지션으로 돌아온다.

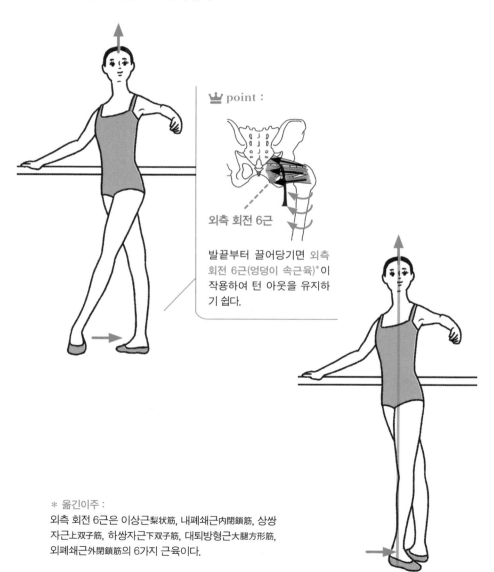

👑 point :

외측 회전 6근

발끝부터 끌어당기면 외측 회전 6근(엉덩이 속근육)*이 작용하여 턴 아웃을 유지하기 쉽다.

＊ 옮긴이주 :
외측 회전 6근은 이상근梨状筋, 내폐쇄근內閉鎖筋, 상쌍자근上双子筋, 하쌍자근下双子筋, 대퇴방형근大腿方形筋, 외폐쇄근外閉鎖筋의 6가지 근육이다.

[5번 옆 탕뒤]

준비 한 손을 바 위에 올려놓고 5번
자세로 선다. 팔은 알 라 스공드.
시선은 정면을 향한다.

1 움직이는 다리를 발끝부터 옆으로 내밀기 시작한다

발끝은 바닥에 붙인 채로 바닥 위를 미끄러
지듯 움직인다. 서 있는 다리의 발뒤꿈치가
직선 위에 있는 것이 이상적이지만, 이것은
180도 턴 아웃이 가능할 때이므로 무릎, 발
등, 발끝이 일직선상에 있으면 충분하다.

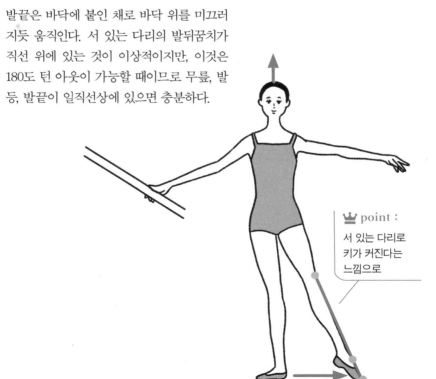

♛ point :
서 있는 다리로
키가 커진다는
느낌으로

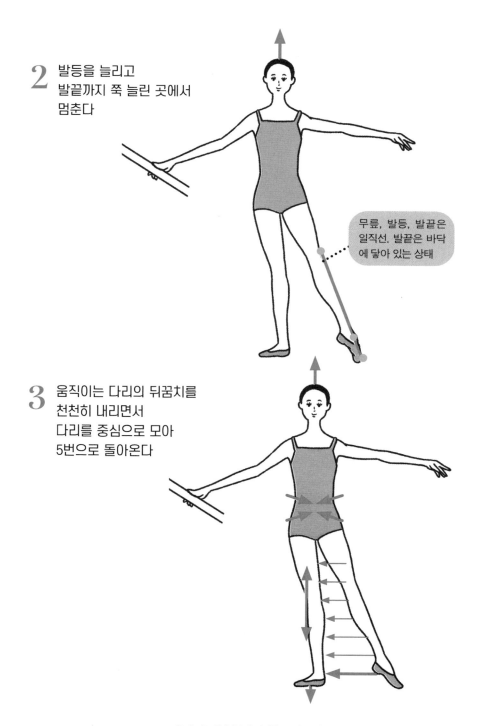

2 발등을 늘리고
발끝까지 쭉 늘린 곳에서
멈춘다

무릎, 발등, 발끝은
일직선. 발끝은 바닥
에 닿아 있는 상태

3 움직이는 다리의 뒤꿈치를
천천히 내리면서
다리를 중심으로 모아
5번으로 돌아온다

[5번 뒤 탕뒤]

준비 한 손을 바 위에 올려놓고 5번 자세로
선다. 팔은 알 라 스공드. 시선은 옆을
향한다.

1 움직이는 다리를 발끝부터 뒤쪽으로 내밀기 시작한다

발끝은 바닥에 붙인 채로 바닥을 미끄러지듯 움직인다. 무리하게 다리를 뒤
로 뻗으려고 하면 다리가 펴지지 않는 부분을 커버하기 위해 골반이 틀어지
거나 상체가 비스듬히 열리게 된다. 그렇게 되면 다리도 바깥쪽으로 빠지므
로 뒤쪽으로 비스듬하게 틀어진다.

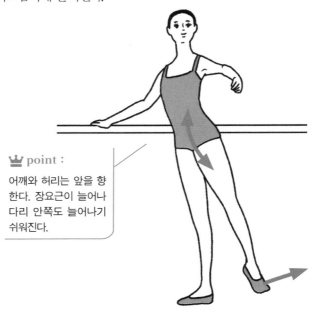

♛ **point :**
어깨와 허리는 앞을 향
한다. 장요근이 늘어나
다리 안쪽도 늘어나기
쉬워진다.

2 발등을 늘리고
발끝까지 쭉 늘린 곳에서
멈춘다

👑 point :
다리를 멀리 늘리려고 하면
무게중심이 틀어져서 머리
의 위치가 내려가기도 한다.
머리의 위치가 내려가지 않
게 한다.

무릎, 발등, 발가락은
일직선. 발끝은 바닥에
닿아 있는 상태

3 발끝까지 다 늘린 다음,
움직이는 다리를 5번으로 돌아온다

돌아오는 다리는 발뒤꿈치부터
끌어당기듯이 바닥을 미끄러지
면서 서 있는 다리 뒤쪽에 붙
인다. 발끝부터 돌아오면 뒤꿈
치가 위쪽을 (천장을) 향하게 되어
턴 아웃이 풀린다.

탕뒤가 힘들다면?

□ 내민 발이 안짱발이 되어 있지는 않나요?

발끝이 예쁘게 늘어나지 않거나 발이 안쪽으로 돌아가는 안짱발을 주의해야 하는 경우, 앞 탕뒤의 '발뒤꿈치부터 앞으로 내밀기', '발가락이 바닥을 문지르듯 늘리기'를 교정해봅니다. 더 앞으로 돌아가 그랑 플리에를 할 때는 '아킬레스건이 늘어난 다음에 발뒤꿈치가 바닥에서 떨어진다', '발뒤꿈치로 바닥을 누르면서 내려간다'는 부분을 바로잡으면 효과적입니다.

□ 발은 아치를 유지하고 발등이 예쁘게 올라와 있나요?

발등을 늘리는 것은 어렸을 때부터 해보지 않으면 잘 모르는 감각일 것입니다. 경험자에게 물어보면 발바닥의 중족골이라는 뼈를 움직일 때 발등 피부가 늘어나는 느낌이 든다고 합니다(50쪽 '발등 굽혔다 펴기' 참조).

□ 다리를 늘릴 때 골반이 틀어지지 않나요?

레슨에서 '골반이 틀어져 있다'는 지적을 받았다면, 무의식적으로 무게중심을 틀어서 다리를 내밀기 쉽도록 하고 있다는 신호입니다. 왜냐하면 골반을 서 있는 다리 쪽으로 밀면 움직이는 다리를 옆으로 내밀기 쉬워지기 때문입니다. 그러면 무게중심이 옆으로 빠지게 되지요.

서 있는 다리를 축으로 삼아 키를 키운다는 느낌으로 몸을 위아래로 늘려보세요. 머리가 위쪽으로 늘어나는 것에 맞춰 다리를 늘리면 오금이 펴진 채로 다리를 내밀기 쉽습니다.

내민 다리의 턴아웃을 유지하지 못하고 무릎이 앞을 향하거나, 내민 다리를 서 있는 다리 뒤에 붙였을 때(5번 자세) 골반이 기울어지는 경우에는 서 있는 다리를 축으로 삼아 키를 키운다는(또는 늘리는) 느낌으로 머리를 위로 끌어올려줍니다. 또는 한 번 호흡을 한 다음 끌어당기면 복근과 내전근을 사용하여 다리를 끌어당길 수 있습니다. 특히 센터 워크를 할 때 몸이 흔들리는 사람은 탕뒤로 늘린 다음 돌아오는 동작을 많이 연습해봅니다.

주테 :

점프에 필요한 내전근을 강화하고 흔들리지 않는 몸통을 만든다

주테 jeté는 탕뒤를 통과하여 다리를 던지듯이 들어 올렸다가 다시 내리는 동작입니다. 다리를 올릴 때 움직이는 다리 쪽 골반이 따라 올라가지 않도록 주의해야 하며, 다리를 끌어당기는 동작으로 점프에 필요한 내전근을 강화합니다.

5번 탕뒤에 다리 들어 올리기를 더한 느낌이므로 5번 탕뒤를 제대로 알면 동작의 의미와 체크 포인트를 쉽게 이해할 수 있습니다.

[앞 주테]

 바 위에 가볍게 손을 얹고 5번 자세로 선다. 팔은 알 라 스공드. 시선은 손을 본다.

1 앞으로 탕뒤를 한다

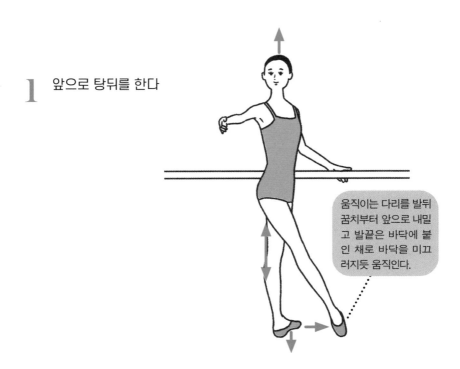

움직이는 다리를 발뒤꿈치부터 앞으로 내밀고 발끝은 바닥에 붙인 채로 바닥을 미끄러지듯 움직인다.

2 탕뒤한 다리를 바닥에서 띄운다

👑 **point :**

서 있는 다리를 축으로 삼아 키를 늘린다는 느낌으로 동작을 하면 앞으로 내민 다리도 쉽게 펼수 있고, 자세를 유지하면서 다리를 쉽게 들어 올릴 수 있다.

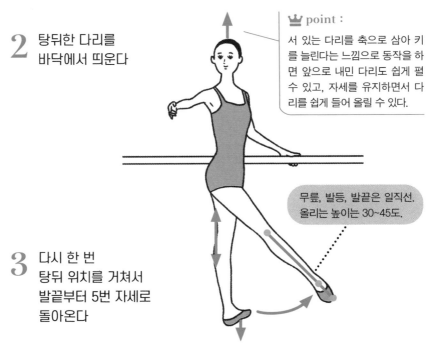

무릎, 발등, 발끝은 일직선. 올리는 높이는 30~45도.

3 다시 한 번 탕뒤 위치를 거쳐서 발끝부터 5번 자세로 돌아온다

[옆 주테]

준비 한 손을 바 위에 올려놓고 5번 자세로 서고, 팔은 알 라 스공드. 시선은 정면을 향한다.

1 옆 탕뒤를 한다

움직이는 다리를 발뒤꿈치부터 옆으로 내밀고 발끝은 바닥에 붙인 채로 바닥 위를 미끄러지듯 움직인다.

2 탕뒤한 다리를 바닥에서 띄운다

👑 point : 서 있는 다리로 키가 커진다는 느낌으로

👑 point : 올리는 다리의 골반이 따라 올라가지 않게

무릎, 발등, 발끝이 일직선이 되도록 한다. 올리는 높이는 30~45도.

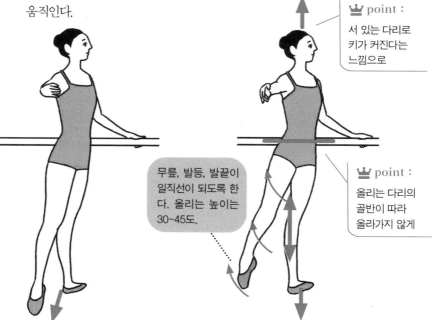

3 다리를 올렸다면 다시 한 번 탕뒤 위치를 거쳐서 5번 자세로 돌아온다

[뒤 주테]

준비 옆 탕뒤에서 뒤쪽 5번으로 돌아온 위치에서 시작한다. 팔은 알 라 스공드. 시선은 옆을 향한다.

1 뒤 탕뒤를 한다

움직이는 다리를 발뒤꿈치부터 뒤쪽으로 내밀기 시작하고, 발끝은 바닥에 붙인 채로 바닥을 미끄러지게 한다.

2 탕뒤한 다리를 바닥에서 띄운다

👑 point :
서 있는 다리로 키가 커진 다는 느낌으로 해주면 오금을 쉽게 늘릴 수 있고 자세를 유지하면서 쉽게 다리를 들어 올릴 수 있으며, 엉덩이와 허리에 무리가 가지 않는다.

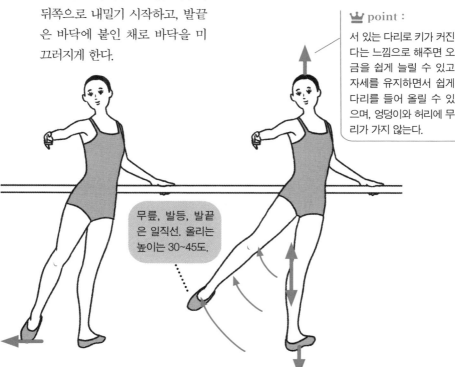

무릎, 발등, 발끝은 일직선. 올리는 높이는 30~45도.

3 다시 한 번 탕뒤 위치를 거쳐 발뒤꿈치부터 5번 자세로 돌아온다

주테가 힘들다면?

□ 골반이 기울어져 있지는 않나요?

특히 옆 탕뒤를 할 때 엉덩이가 따라 올라가는 것 같다면 골반이 기울었다는 신호입니다. 다만, 올라간 엉덩이를 의식적으로 내리려고 하면 턴 아웃이 풀리면서 다리가 안쪽으로 돌아가 안짱발이 되므로, 서 있는 다리를 축으로 삼아 온몸을 위아래로 늘린다고 생각하기 바랍니다. 이렇게 하면 골반이 잘 틀어지지 않게 됩니다.

골반이 기울어지지 않도록

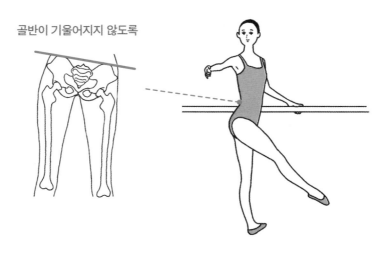

□ 다리가 잘 올라가지 않는 방향이 있나요?

다리가 올라가지 않는 방향에 따라 아래와 같이 적절한 동작을 연습해줍니다.

- 다리를 앞으로 올리기 힘들다 : 앞 캉브레로 장요근과 복근을 순서대로 잘 사용해서 움직이는 연습을 한다.
- 다리를 옆으로 올리기 힘들다 : 옆 캉브레로 척추를 움직이거나 복횡근을 사용하는 연습을 한다.
- 다리를 뒤로 올리기 힘들다 : 뒤 캉브레를 체크한다.

앞, 옆, 뒤, 모두 다리를 올리려고 애를 쓰기보다 서 있는 다리를 축으로 삼아 온몸을 위아래로 늘리면서 동작을 하고, 캉브레를 많이 연습하면 다리를 끝까지 늘린 상태로 들어 올리기 쉬워집니다.

롱 드 장브 아 테르 :

턴 아웃을 향상시키는 데 효과적인 동작

롱 드 장브 아 테르rond de jambe à terre는 다리를 움직여 바닥에 반원을 그리는 동작입니다. 고관절을 기점으로 다리를 돌리기 때문에 틀어진 대퇴골두가 바로잡혀 고관절 주변의 유연성이 높아지고 다리의 가동 범위가 넓어집니다.

준비

바에 가볍게 손을 얹고 1번 자세로 선다.

1 앞 탕뒤를 하여 다리를 앞으로 뻗는다

발뒤꿈치부터 다리를 앞으로 내밀고 발끝은 바닥에 붙인 채로 앞으로 미끄러뜨려서 앞 탕뒤 위치를 통과한다.

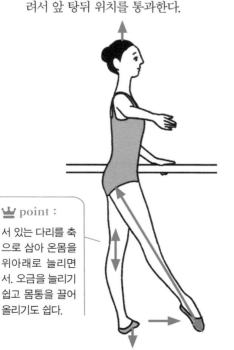

♛ **point :**
서 있는 다리를 축으로 삼아 온몸을 위아래로 늘리면서. 오금을 늘리기 쉽고 몸통을 끌어올리기도 쉽다.

2

움직이는 다리의 발끝으로 바닥에 원을 그리듯이 옆으로 돌린다

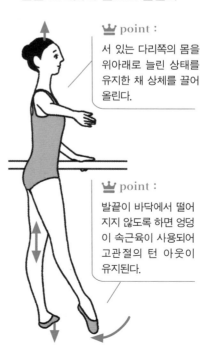

♛ **point :**
서 있는 다리쪽의 몸을 위아래로 늘린 상태를 유지한 채 상체를 끌어올린다.

♛ **point :**
발끝이 바닥에서 떨어지지 않도록 하면 엉덩이 속근육이 사용되어 고관절의 턴 아웃이 유지된다.

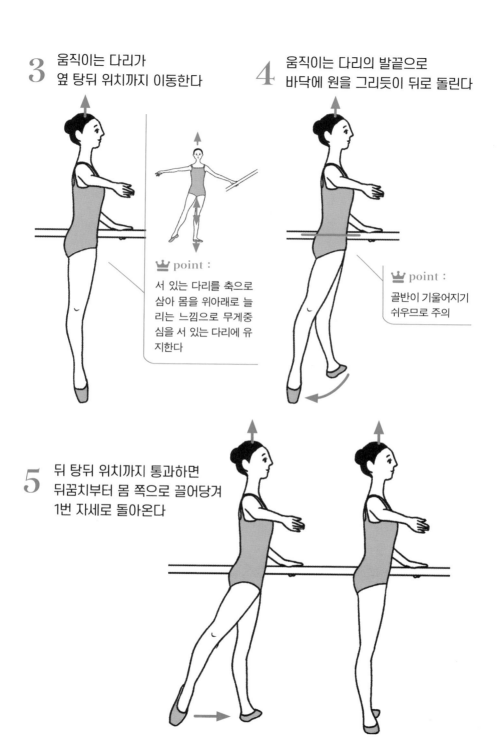

3 움직이는 다리가
옆 탕뒤 위치까지 이동한다

4 움직이는 다리의 발끝으로
바닥에 원을 그리듯이 뒤로 돌린다

♛ point :

서 있는 다리를 축으로 삼아 몸을 위아래로 늘리는 느낌으로 무게중심을 서 있는 다리에 유지한다

♛ point :

골반이 기울어지기 쉬우므로 주의

5 뒤 탕뒤 위치까지 통과하면
뒤꿈치부터 몸 쪽으로 끌어당겨
1번 자세로 돌아온다

롱 드 장브 아 테르가 힘들다면?

□ 다리로 원을 그릴 때 허리가 흔들리지는 않나요?

특히 옆에서 뒤로 원을 그릴 때 하기 쉬운 실수인데, 허리가 흔들리거나 엉덩이가 따라 올라가기 쉬우므로 주의해야 합니다.

움직이는 다리가 늘어나도록 서 있는 다리를 유지하면서 상체를 단단히 끌어올려야 합니다.

□ 다리를 움직일 때, 다리가 짧아지는 느낌이 들지 않나요?

고관절을 움직일 때 중요한 것은 원을 그리는 것보다 발끝으로 바닥을 문지르는 동작입니다. 발끝이 바닥을 문지르는 움직임 자체가 엉덩이 속근육(외측 회전 6근)을 사용하여 고관절을 돌리는 동작으로 이어집니다.

발레 교실에서는 '턴 아웃을 유지하세요'라고 주의를 줄 것입니다. 하지만, 다리를 바깥쪽으로 향하려고 지나치게 골반을 틀거나 무릎 아래를 비틀기보다는 발끝이 바닥을 단단히 문지르는 것에 중점을 두는 것이 나중에 턴 아웃을 유지하는 데 도움이 됩니다.

□ 다리를 돌릴 때 엉덩이가 열리거나 몸통이 열리지는 않나요?

여러 가지 주의를 기울이는데도 불구하고 엉덩이가 자꾸 움직인다면, 오른쪽 그림과 같이 탕뒤를 연결하는 방법을 추천합니다.

롱 드 장브 아 테르는 앞, 옆, 뒤, 각각의 탕뒤 위치를 통과하면서 반원을 그리는 것입니다.

이를 분해하면 탕뒤를 모든 방향으로 뻗어 나가는 것과 같습니다. 따라

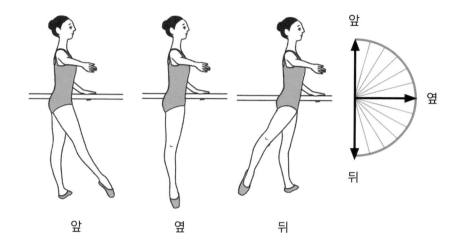

앞　　　　　　　옆　　　　　　　뒤

서 다양한 각도의 탕뒤를 연결하면 결과적으로 반원을 그리게 됩니다.

즉, 엉덩이가 움직이는 위치의 방향, 잘 모르겠다면 비스듬하게 45도, 30도 등 다양한 각도의 탕뒤를 연습해두면 원을 그릴 때 엉덩이가 움직이지 않게 됩니다. 여러 번 연습해보세요. 반드시 좋아질 것입니다.

쉬르 르 쿠드피에와 르티레 :

고관절의 통로를 만든다. 다리 전체의 턴 아웃을 유지하는 데도 최적

쉬르 르 쿠드피에_{sur le cou-de-pied}는 서 있는 다리의 발목에 움직이는 다리의 발가락과 발끝이 닿은 상태를 말하며, 레슨에서는 쿠드피에라고 부르는 경우가 많습니다^(이하 쿠드피에). 퐁뒤나 데블로페의 예비 동작이 되며, 턴 아웃으로 다리 전체를 돌리거나 안짱발을 방지하는 훈련도 됩니다.

바트망 르티레_{battement retiré}는 움직이는 다리의 발끝을 서 있는 다리의 무릎에 대고 삼각형을 만드는 동작입니다. 움직이는 다리의 발끝을 서 있는

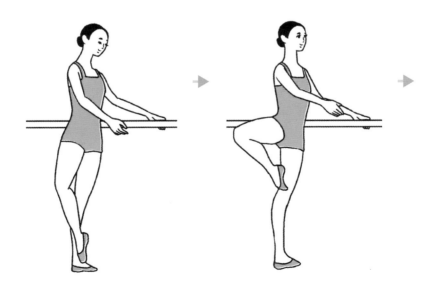

다리의 뒤쪽으로 통과시키는 동작을 파세passé라고 합니다. 르티레 자세를 만드는 것에서 파세를 떠올리는 분들이 많으실 것 같아 여기서는 구분하지 않고 설명하겠습니다.

쿠드피에는 퐁뒤나 바트망 프라페battement frappé, 르티레는 데블로페 등에서 다리를 뻗을 때 사용합니다. 그러므로 이 자세에서 고관절의 가동 범위를 넓혀놓으면 다리를 들어 올릴 때 고관절이 틀어지지 않고 다리를 쉽게 늘릴 수 있습니다.

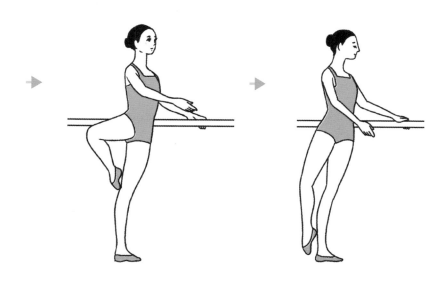

[앞 쿠드피에]

움직이는 다리 발끝이 서 있는 다리의 발목 앞쪽에 닿게 한다

준비 한 손을 바 위에 올려놓고 5번 자세로 선다. 시선은 정면을 향한다.

♛ point :

서 있는 다리에 발끝만 닿게 하고, 발뒤꿈치는 앞쪽으로 턴 아웃을 유지한다. 안짱발을 막아주는 훈련도 된다.

플렉스인 경우에는 발뒤꿈치를 붙인다.

[뒤 쿠드피에]

움직이는 다리의 뒤꿈치가 서 있는 다리의
발목 뒤쪽에 닿게 한다

준비 한 손을 바 위에 올려놓고 5번 자세로
선다. 시선은 정면을 향한다.

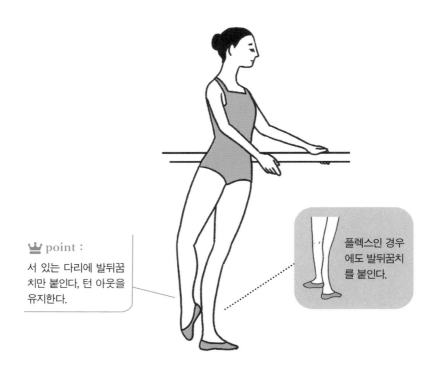

♛ point :
서 있는 다리에 발뒤꿈
치만 붙인다. 턴 아웃을
유지한다.

플렉스인 경우
에도 발뒤꿈치
를 붙인다.

[르티레]

준비 한 손을 바 위에 올려놓고
5번 자세로 선다. 시선은
정면을 향한다.

1 앞 쿠드피에를 하고
움직이는 다리의 발끝이
서 있는 다리 발목 앞쪽에
닿게 한다

2 발끝을
서 있는 다리를 따라
무릎까지 올린다

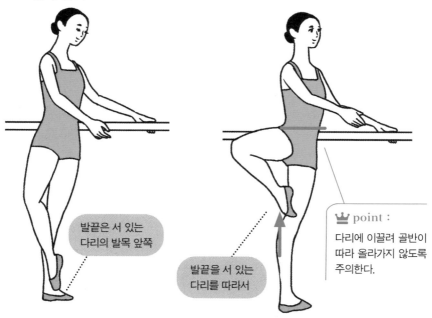

발끝은 서 있는
다리의 발목 앞쪽

발끝을 서 있는
다리를 따라서

👑 point :
다리에 이끌려 골반이
따라 올라가지 않도록
주의한다.

3 움직이는 다리의 발끝을
서 있는 다리 뒤쪽으로
통과시킨다(파세)

발끝을 서 있는 다
리를 따라

4 움직이는 다리의 발끝을
서 있는 다리를 따라 내려서
뒤 쿠드피에를 통과한다

뒤 쿠드피에는 발
뒤꿈치를 붙인다

5 발끝부터 바닥으로 내려서
서 있는 다리의 뒤쪽에 놓는다

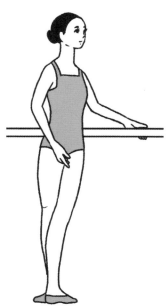

쿠드피에와 르티레가 힘들다면?

□ 턴 아웃이 풀려서 무릎이 앞쪽을 향하고 있지는 않나요?

쿠드피에와 르티레는 움직이는 다리의 턴 아웃을 유지하는 것이 어렵습니다. 쿠드피에와 르티레는 턴 아웃 훈련에 아주 좋은 동작이므로 아래의 스트레칭으로 꾸준히 연습해보세요.

[쿠드피에 플렉스를 이용한 스트레칭]

쿠드피에 플렉스에서 5번 자세를 취하면 엉덩이 속근육을 사용하면서 고관절을 돌려서 다리를 늘리는 스트레칭이 됩니다. 턴 아웃으로 다리 전체를 돌리거나 안쌍발이 되지 않게 막아주는 훈련이 될 뿐만 아니라 퐁뒤에서 다리를 늘리기도 쉬워져 여러 가지를 의식하는 것을 줄일 수 있습니다.

오른쪽 그림은 쿠드피에지만, 르티레 위치에서 플렉스를 한 상태에서 다리를 늘려서 5번 자세를 하는 것도 좋은 훈련이 됩니다.

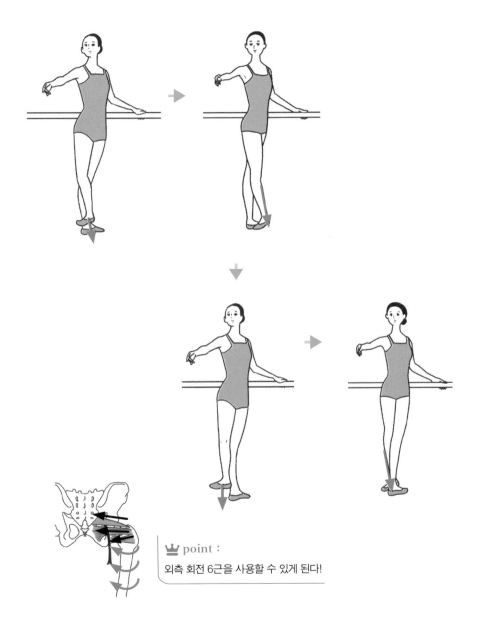

👑 point :
외측 회전 6근을 사용할 수 있게 된다!

퐁뒤 :

발레 특유의 우아한 동작을 익힌다. 신체 각 부분의 코디네이션이 중요

퐁뒤fondu는 한쪽 다리로 플리에를 하면서 다리를 굽힌 다음, 움직이는 다리를 올리면서 양쪽 다리를 펴는 동작입니다. 플리에를 다양한 방향으로 컨트롤함으로써 다양한 방향으로 도약한 후에 우아하게 다음 동작으로 넘어가거나, 파(pas, 걸음)와 파를 자연스럽게 연결합니다.

[앞 퐁뒤] 바 위에 가볍게 손을 얹고 5번 자세로 선다.
팔은 알 라 스공드로, 시선은 옆을 향한다.

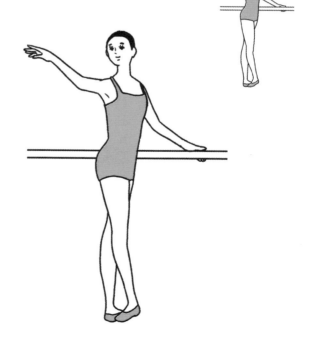

1 알롱제를 하고
숨을 들이마신다

2 움직이는 다리를 발뒤꿈치부터 올리기 시작하고, 쿠드피에로 발끝을 서 있는 다리의 발목에 붙이는 동시에 서 있는 다리는 드미 플리에를 한다

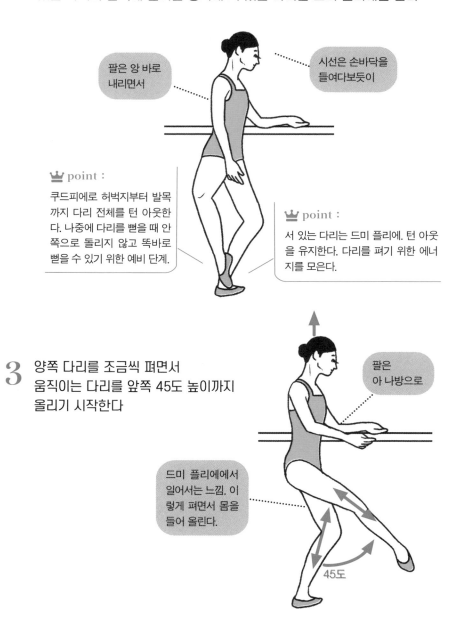

팔은 앙 바로 내리면서

시선은 손바닥을 들여다보듯이

♛ point :
쿠드피에로 허벅지부터 발목까지 다리 전체를 턴 아웃한다. 나중에 다리를 뻗을 때 안쪽으로 돌리지 않고 똑바로 뻗을 수 있기 위한 예비 단계.

♛ point :
서 있는 다리는 드미 플리에. 턴 아웃을 유지한다. 다리를 펴기 위한 에너지를 모은다.

3 양쪽 다리를 조금씩 펴면서 움직이는 다리를 앞쪽 45도 높이까지 올리기 시작한다

팔은 아 나방으로

드미 플리에에서 일어서는 느낌. 이렇게 펴면서 몸을 들어 올린다.

45도

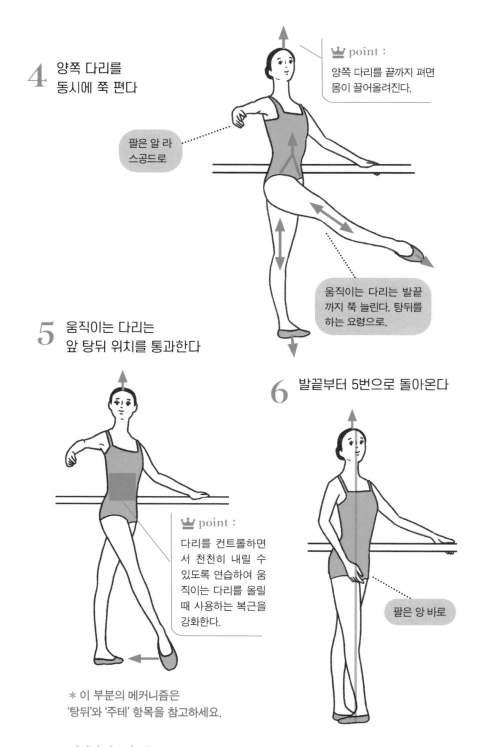

4 양쪽 다리를
동시에 쭉 편다

👑 point :

양쪽 다리를 끝까지 펴면
몸이 끌어올려진다.

팔은 알 라
스공드로

움직이는 다리는 발끝
까지 쭉 늘린다. 탕뒤를
하는 요령으로.

5 움직이는 다리는
앞 탕뒤 위치를 통과한다

6 발끝부터 5번으로 돌아온다

👑 point :

다리를 컨트롤하면
서 천천히 내릴 수
있도록 연습하여 움
직이는 다리를 올릴
때 사용하는 복근을
강화한다.

팔은 앙 바로

* 이 부분의 메커니즘은
'탕뒤'와 '주테' 항목을 참고하세요.

[옆 퐁뒤]

준비 시선은 앞을 향한다.
팔은 앙 바.

시선은 손바닥을
들여다보듯이

1 움직이는 다리는 발뒤꿈치부터
들어 올리고, 쿠드피에로 발끝을
서 있는 다리의 발목에 붙이는
동시에 서 있는 다리는
드미 플리에를 한다

♛ point :
서 있는 다리는
드미 플리에.
이 다리도 턴 아
웃을 유지한다.

♛ point :
쿠드피에로 허벅지부터 발목까
지 다리 전체를 턴 아웃한다.

2 양쪽 다리를 조금씩 펴면서
옆으로 45도 높이로
다리를 들어 올리기 시작한다

드미 플리에에서
일어서는 느낌. 이
렇게 펴면서 몸을
들어 올린다.

팔은 아 나방으로
올리면서

45도

3 양쪽 다리를 동시에 펴준다

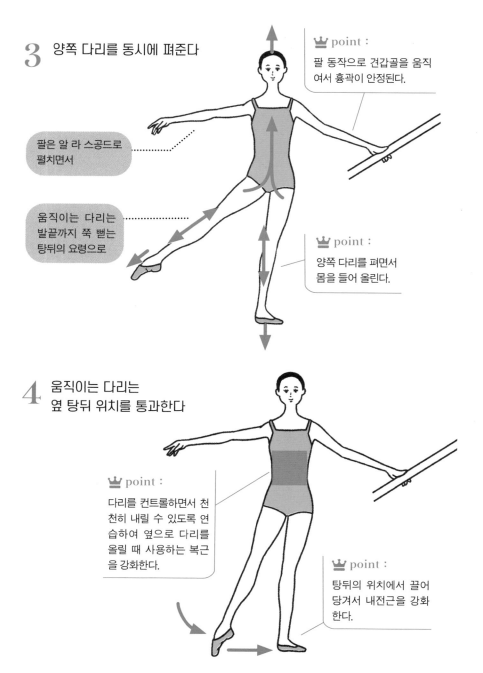

♔ point :
팔 동작으로 견갑골을 움직여서 흉곽이 안정된다.

팔은 알 라 스공드로
펼치면서

움직이는 다리는
발끝까지 쭉 뻗는
탕뒤의 요령으로

♔ point :
양쪽 다리를 펴면서
몸을 들어 올린다.

4 움직이는 다리는
옆 탕뒤 위치를 통과한다

♔ point :
다리를 컨트롤하면서 천천히 내릴 수 있도록 연습하여 옆으로 다리를 올릴 때 사용하는 복근을 강화한다.

♔ point :
탕뒤의 위치에서 끌어
당겨서 내전근을 강화
한다.

5 팔은 앙 바로 내리고 5번으로 돌아온다

[뒤 퐁뒤]

준비
시선은 앞을 향한다.
팔은 앙 바.

시선은 손바닥을
들여다보듯이

1 움직이는 다리는 발뒤꿈치부터 올리기
시작하고, 뒤 쿠드피에로 발뒤꿈치를
서 있는 다리의 발목에 붙이는 동시에
서 있는 다리는 드미 플리에를 한다

♕ point :
서 있는 다리는 드미
플리에. 이 다리도 턴
아웃을 유지한다.

♕ point :
쿠드피에로 허벅지부터 발목까
지 다리 전체를 턴 아웃.

2 양쪽 다리를 조금씩 펴면서
뒤쪽 45도 높이로 움직이는 다리를
들어 올리기 시작한다

팔은 아 나방으로
올리면서

드미 플리에에서
일어서는 느낌. 이
렇게 펴면서 몸을
들어 올린다.

45도

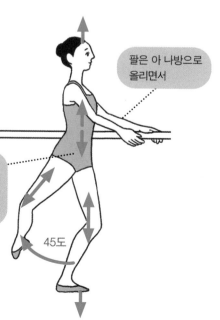

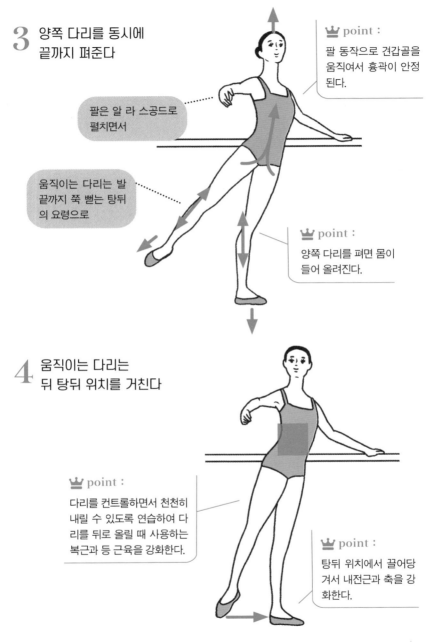

3 양쪽 다리를 동시에
끝까지 펴준다

point :
팔 동작으로 견갑골을
움직여서 흉곽이 안정
된다.

팔은 알 라 스공드로
펼치면서

움직이는 다리는 발
끝까지 쭉 뻗는 탕뒤
의 요령으로

point :
양쪽 다리를 펴면 몸이
들어 올려진다.

4 움직이는 다리는
뒤 탕뒤 위치를 거친다

point :
다리를 컨트롤하면서 천천히
내릴 수 있도록 연습하여 다
리를 뒤로 올릴 때 사용하는
복근과 등 근육을 강화한다.

point :
탕뒤 위치에서 끌어당
겨서 내전근과 축을 강
화한다.

5 팔은 앙 바로 내리고 발뒤꿈치부터 5번으로 돌아온다

퐁뒤가 힘들다면?

☐ 뻗은 쪽 다리가 안짱발이 되어 있지 않나요?

퐁뒤는 플리에, 쿠드피에, 탕뒤의 조합입니다.

고관절이 틀어지거나 다리를 뻗을 때 안짱발이 되는 경우, 이 3가지 동작을 다시 한 번 체크하면 좋아집니다.

특히 다리를 펴기 시작할 때는 플리에에서 일어설 때와 원리가 같기 때문에 플리에로 쪼그려 앉았다 일어서는 부분을 많이 연습하면 부드럽게 다리를 펴기 쉬워집니다.

다리를 뻗을 때 엉덩이가 틀어지거나 허벅지 앞쪽에 힘이 들어간다면 캉브레로 몸통을 강화합니다. 롱 드 장브 아 테르에서 마지막 부분에서 언급한 〈잘 못하는 방향의 탕뒤(130~131쪽)〉를 하면 쉽게 예방할 수 있습니다.

☐ 다리를 들어 올릴 때 골반이 틀어지지 않나요?

특히 옆 퐁뒤를 할 때 그런 경우가 많은데, 허리가 흔들리거나 엉덩이가 올라가기 쉬우므로 주의가 필요합니다. 롱 드 장브 아 테르에서 설명했지만, 서 있는 다리를 유지하면서 상체를 단단히 끌어올리는 것이 중요합니다. 팔 동작에 신경을 써서 등부터 끌어올리는 것도 중요합니다.

♛ point :

> 후반부에 나오는 동작 가운데는 전반부에서 예비 동작이 나온 것들이 많이 있습니다. 어려운 동작이 있다면, 그것의 예비 동작을 고쳐나가야만 결과적으로 컨트롤할 수 있는 부분도 많아집니다.

수트뉘 앙 트루낭 :

무게중심을 부드럽게 옮기고 가늘고 긴 축을 유지하기 위한 회전 훈련

수트뉘 앙 트루낭soutenu en tournant은 뻗은 다리를 끌어당기는 힘과 서 있는 다리의 플리에를 이용한 회전 훈련입니다. 발레에서는 회전하면서 움직일 때도 사용합니다.

1 옆 탕뒤를 하면서 다리를 옆으로 뻗는다

탕뒤를 뻗는 방향은 레슨에 따라 달라진다.
여기서는 '옆 탕뒤'로 설명한다.

👑 point :
탕뒤는 사타구니부터 뻗어나가듯이 늘리면 회전이 중간에 끊어지지 않는다.

팔은 알 라 스공드로

이 탕뒤와 서 있는 다리의 플리에에 의해 회전량의 70%가 결정된다!

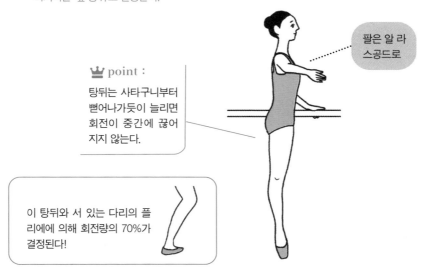

다리를 끌어당겨서 두 발을 5번으로 만들면서 를르베

이 끌어당기는 동작에 의해 회전력이 결정된다. 서 있는 다리의 플리에에서 를르베로 끌어올린 만큼 회전이 쉬워진다.

회전 방향
앙 드당en dedans : 뻗은 다리를 앞쪽 5번으로 교차, 바 쪽으로 회전

회전 방향
앙 드오르en dehors : 뻗은 다리를 뒤쪽 5번으로 교차, 바를 등지고 회전

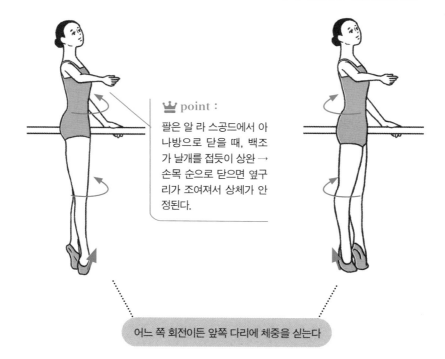

♛ point :
팔은 알 라 스공드에서 아나방으로 닫을 때, 백조가 날개를 접듯이 상완 → 손목 순으로 닫으면 옆구리가 조여져서 상체가 안정된다.

어느 쪽 회전이든 앞쪽 다리에 체중을 싣는다

[앙 드당으로 반 바퀴 회전]

체중을 앞쪽에 싣고, 바 쪽으로 반 바퀴 턴을 한다.

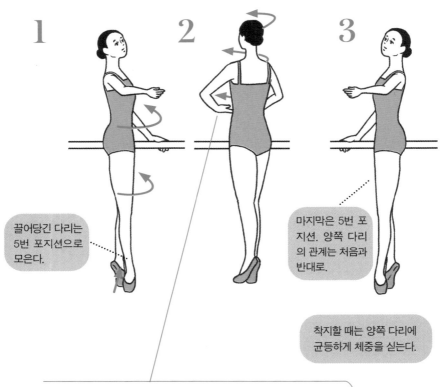

1

끌어당긴 다리는 5번 포지션으로 모은다.

2

3

마지막은 5번 포지션. 양쪽 다리의 관계는 처음과 반대로.

착지할 때는 양쪽 다리에 균등하게 체중을 싣는다.

👑 point :

아 나방 자세를 유지하면 회전 방향 팔의 견갑골 아래가 등을 눌러주어 회전하기 쉽다. 반대쪽 팔은 상체가 무너지지 않도록 스토퍼(버팀목) 역할을 해준다(크게 회전하지 않게 해준다).

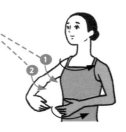

상완 → 손목 순으로 닫으면 옆구리가 조여져서 상체가 안정된다.

[앙 드오르로 반 바퀴 회전]

체중을 앞쪽에 싣고, 바를 등지고 반 바퀴 턴을 한다.

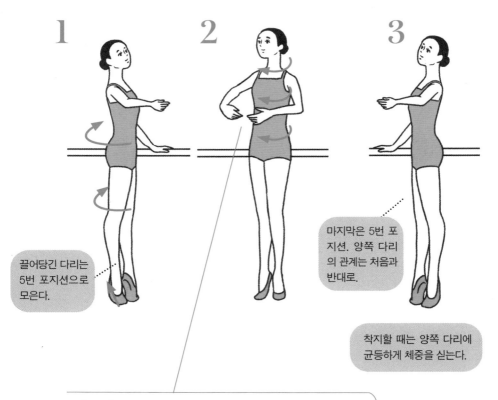

끌어당긴 다리는 5번 포지션으로 모은다.

마지막은 5번 포지션. 양쪽 다리의 관계는 처음과 반대로.

착지할 때는 양쪽 다리에 균등하게 체중을 싣는다.

👑 point :

아 나방 자세를 유지하면 회전 방향 팔의 견갑골 아래가 등을 눌러주어 회전하기 쉽다. 반대쪽 팔은 상체가 무너지지 않도록 스토퍼(버팀목) 역할을 해준다(크게 회전하지 않게 해준다).

상완 → 손목 순으로 닫으면 옆구리가 조여져서 상체가 안정된다.

[앙 드당으로 한 바퀴 회전]

체중을 앞쪽에 싣고 바 쪽으로 한 바퀴 턴. 한 바퀴를 돌 때는 반 바퀴를 돌 때보다 반대쪽 발을 5번으로 모으는 동작이 더 중요하다.

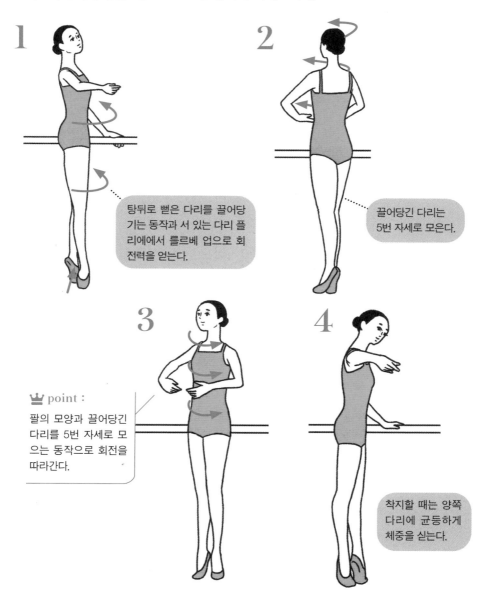

1

탕뒤로 뻗은 다리를 끌어당기는 동작과 서 있는 다리 플리에에서 를르베 업으로 회전력을 얻는다.

2

끌어당긴 다리는 5번 자세로 모은다.

3

♛ point :
팔의 모양과 끌어당긴 다리를 5번 자세로 모으는 동작으로 회전을 따라간다.

4

착지할 때는 양쪽 다리에 균등하게 체중을 싣는다.

[앙 드오르로 한 바퀴 회전]

체중을 앞쪽에 싣고 바를 등지고 한 바퀴 턴. 한 바퀴를 돌 때는 반 바퀴를 돌 때보다 반대쪽 발을 5번으로 모으는 동작이 더 중요하다.

1

탕뒤로 뻗은 다리를 끌어당기는 동작과 서 있는 다리 플리에에서 를르베 업으로 회전력을 얻는다.

2

끌어당긴 다리는 5번 자세로 모은다.

3

♛ point :
팔의 모양과 끌어당긴 다리를 5번 자세로 모으는 동작으로 회전을 따라간다.

4

착지할 때는 양쪽 다리에 균등하게 체중을 싣는다.

[앙 드오르로 한 바퀴 회전 + 드방으로 끝내기]

발레에서 이동할 때 수트뉘를 사용하는 경우, 서 있는 다리 플리에와 내민 다리 탕뒤가 다음 회전의 준비 동작이 되는 경우가 많기 때문에 앙 드오르에서 한 바퀴 회전하고 드방으로 끝내는 패턴도 있다. 이 경우, 회전 후 착지할 때 회전 한 다리를 곧바로 탕뒤로 뻗고 서 있는 다리는 플리에를 한다. 주의 사항은 한 바퀴 회전과 같다.

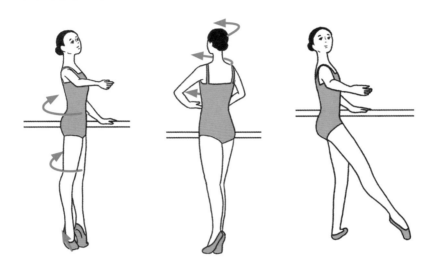

수트뉘가 힘들다면?

☐ 힘만으로 회전을 시도하고 있지는 않나요?

힘으로만 회전하려고 하면 센터 워크에서 회전을 할 수 없습니다. 회전을 쉽게 할 수 있는 포인트는 3가지입니다.

첫째, 예비 동작이 되는 탕뒤와 서 있는 다리의 플리에입니다. 여기서 회전량이 결정되기 때문에 탕뒤를 할 때 허벅지가 굳어 있거나 발등이 늘어나 있지 않으면 다리를 끌어당길 때 회전 에너지가 부족해집니다.

여기서 말하는 탕뒤는 퐁뒤에서 다리를 뻗을 때의 요령으로, 다리의 사타구니부터 뻗는다는 생각으로 하면 고관절도 함께 움직여 다리를 끌어당길 때 회전력으로 이어집니다.

둘째, 다리를 끌어당기면서 를르베를 하는 부분입니다. 다리를 끌어당길 때 회전력이 결정됩니다. 서 있는 다리의 플리에에서 를르베로 끌어올린 만큼 회전이 쉬워집니다.

5번 자세에서 를르베를 한 단계에서 상체가 45도 정도 돌아갔을 때 회전하는 것을 목표로 삼으면 좋습니다.

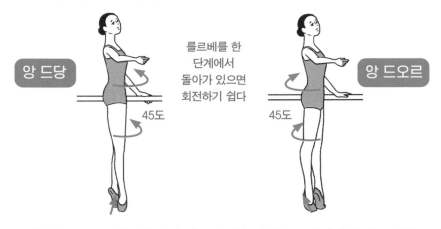

다리만으로 끌어당기려 하지 말고 회전을 따라가는 방향의 반대쪽 배를 끌어당기는 느낌으로(하복부를 수축하면서) 회전을 하면 내전근을 사용하기 쉽습니다. 이 동작은 5번 탕뒤나 주테에서 뻗은 다리를 끌어당기는 동작이므로 그것을 교정하면 좋습니다. 골반을 평행하게 유지하는 것도 중요합니다.

익숙해질 때까지는 반 바퀴를 돌면서 를르베에서 내려오지 않고 끌어당긴 다리를 5번으로 모으는 연습을 해보기 바랍니다.

셋째, 반 바퀴 회전에서 설명한 것처럼(150~151쪽), 팔 동작, 아 나방에서 회전을 따라가는 부분을 다시 한 번 체크해봅니다.

바트망 프라페 :

빠르고 날렵하게 움직이는 동작을 할 때,
그것을 지탱할 수 있는 서 있는 다리와 몸통을 만든다

바트망 프라페(이하 프라페)는 쿠드피에 플렉스에서 다리를 앞, 옆, 뒤로 뻗어 허벅지부터 발끝까지 빠르게 뻗는 동작입니다. 바닥을 힘차게 문지르기 때문에 엉덩이 뒤쪽 근육을 사용하는 강도를 높여 다리를 힘차게 뻗어도 턴 아웃을 유지하는 훈련이 됩니다.

[앞 프라페]

준비

한 손을 바 위에 올려놓고 5번 자세로 선다.
팔은 알 라 스공드. 시선은 정면을 향하고,
다리는 옆 탕뒤 자세를 취한다.

1 움직이는 다리를 쿠드피에 플렉스를 한다
발뒤꿈치가 서 있는 다리의
발목 앞쪽에 닿게 한다
시선은 옆을 향한다

플렉스로 쿠드피에를 하는 것은 그다음에 힘차게 다리를 뻗을 때 다리를 똑바로 펴는 예비 단계로, 턴 아웃이 풀리거나 안짱발이 되는 것을 막아준다.

2 움직이는 다리를 발뒤꿈치부터 발끝을 앞으로 내밀기 시작하면서 힘껏 바닥을 문지른다

👑 point :

서 있는 다리로 키가 커진다는 느낌으로. 상체가 끌어올려져 몸이 흔들리지 않는 만큼 서 있는 다리의 오금도 펴진다. 다리도 쉽게 빨리 펼 수 있다.

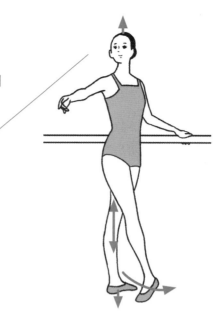

3 발끝까지 뻗는다

발끝은 바닥에서 약간 떠 있는 상태. 다리를 빨리 뻗으려고 다리에 힘을 주면 오히려 속도가 나지 않는다.

발끝이 바닥에서 약간 뜬다

4 발끝까지 뻗은 다음 쿠드피에 플렉스로 돌아간다 시선은 정면을 향한다

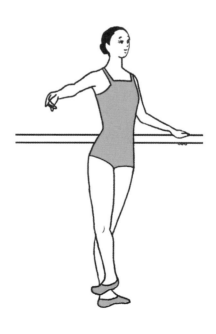

[옆 프라페]

1
움직이는 다리를
쿠드피에 플렉스로 시작한다
발뒤꿈치가 서 있는 다리의
발목 앞쪽에 닿게 한다
시선은 정면을 향한다

2
움직이는 다리를
발끝부터 옆으로 내밀기 시작하여
힘껏 바닥을 문지른다

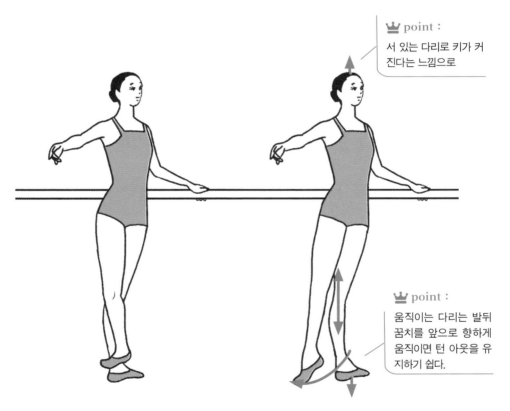

👑 point :
서 있는 다리로 키가 커
진다는 느낌으로

👑 point :
움직이는 다리는 발뒤
꿈치를 앞으로 향하게
움직이면 턴 아웃을 유
지하기 쉽다.

3

발끝까지 뻗는다

4

발끝까지 뻗었다면
서 있는 다리로
뒤 쿠드피에 플렉스로 돌아온다
시선은 옆을 향한다

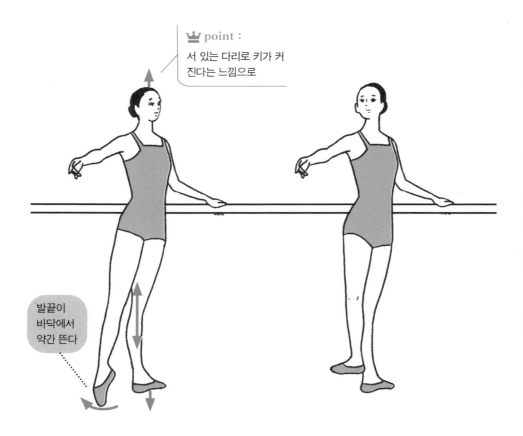

♛ point :
서 있는 다리로 키가 커
진다는 느낌으로

발끝이
바닥에서
약간 뜬다

[뒤 프라페]

1

움직이는 다리의
쿠드피에 플렉스로 시작한다
발뒤꿈치가 서 있는 다리의 발
목 뒤쪽에 닿게 한다
시선은 옆을 향한다

2

움직이는 다리를
발끝부터 뒤로 내밀기 시작하여
힘껏 바닥을 문지른다.

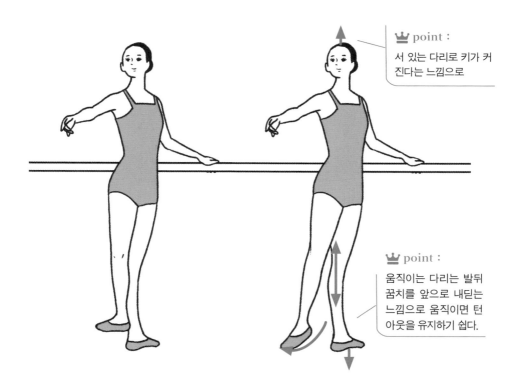

♛ point :
서 있는 다리로 키가 커
진다는 느낌으로

♛ point :
움직이는 다리는 발뒤
꿈치를 앞으로 내딛는
느낌으로 움직이면 턴
아웃을 유지하기 쉽다.

3

발끝까지 뻗는다

4

발끝까지 뻗었다면
서 있는 다리로
뒤 쿠드피에 플렉스로
돌아온다

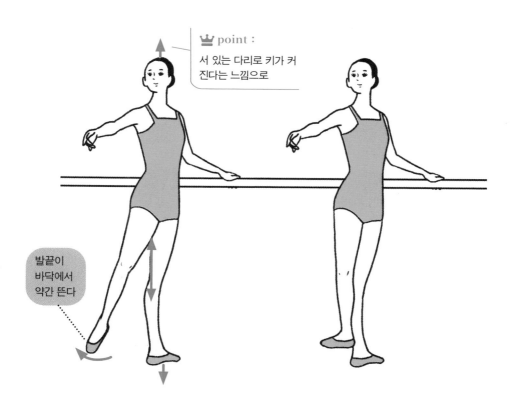

👑 point :
서 있는 다리로 키가 커
진다는 느낌으로

발끝이
바닥에서
약간 뜬다

바트망 프라페가 힘들다면?

프라페 관련 문제는 속도와 자세 유지가 대부분입니다.

원인은 '한쪽 다리로 서서 다리를 뻗는 힘에 의해 상체가 흔들리거나, 고관절을 고정한 채 움직이는 다리를 잘 뻗어내지 못하기 때문'입니다.

지금까지의 바 워크에서 배운 동작을 조합해서 프라페를 하기 때문에, 안되는 부분은 여기서 갑자기 의식한다고 해서 고치기는 힘듭니다. 아래의 레슨으로 바로잡는 것만으로도 많이 좋아질 수 있습니다.

□ 다리를 뻗을 때 흔들리지 않나요?

한쪽 다리로 서서 다리를 뻗었을 때 몸이 흔들린다면 플리에와 캉브레 세트로 기초를 다시 한 번 체크해봅니다.

탕뒤, 주테, 롱 드 장브 아 테르로 한쪽 다리로 균형잡기와 고관절을 고정한 채 움직이는 다리를 뻗는 동작을 단련할 수 있습니다. 쭉 뻗은 다리의 턴 아웃을 유지하려면 쿠드피에로 다리 전체의 턴 아웃과 안짱발을 막아주는 훈련을 해봅니다. 다리가 흔들림과 동시에 발생하기 쉬운 골반의 틀어짐, 서 있는 다리가 덜 펴지는 것, 턴 아웃이 풀려서 안짱발이 되는 것도 예방할 수 있습니다.

□ 빨리 움직이려고 허벅지나 발가락에 쓸데없는 힘을 주고 있지는 않나요?

속도를 높이려면 위에서 말한 '흔들림' 대책에 더해 퐁뒤로 양쪽 오금을 펴는 부분을 훈련하면 프라페 관련 문제를 쉽게 해결할 수 있습니다.

프티 바트망 :

섬세한 발놀림이 필요한 알레그로 등, 작은 점프 연습이 된다

축을 강화하여 다양한 동작에서 흔들리지 않는 중심을 만들어주는 프티 바트망petit battement은 앞뒤로 쿠드피에를 진자처럼 왔다 갔다 하는 동작입니다.

처음에는 움직이는 다리의 동작에 휘둘려 흔들리지만, 서 있는 다리를 강화하면 몸이 흔들리지 않고 빠르게 앞뒤로 왔다 갔다 하기 쉬워집니다. 턴 아웃 유지와 무릎 아래 근력 강화에도 도움이 됩니다.

준비 한 손을 바 위에 올려놓고 5번 자세로 선다. 팔은 알 라 스공드. 시선은 앞을 향하고, 다리는 옆 탕뒤 자세를 취한다.

1

움직이는 다리는 쿠드피에로
발끝이 서 있는 다리의
발목 앞에 오게 한다

2

움직이는 다리의 발끝을 옆으로
8cm 정도 떨어뜨린다(벌린다)

👑 **point :**
서 있는 다리로 키가 커지
도록 하면 골반이 안정되
어 움직이는 다리를 가볍게
움직이기 쉽다.

👑 **point :**
팔의 알 라 스공드는 등의 견갑골 아래 근육
을 세우고 새끼손가락을 감아쥐는 것을 의식
하면 겨드랑이 아래쪽을 사용할 수 있어 몸
통을 유지하기 쉽다.

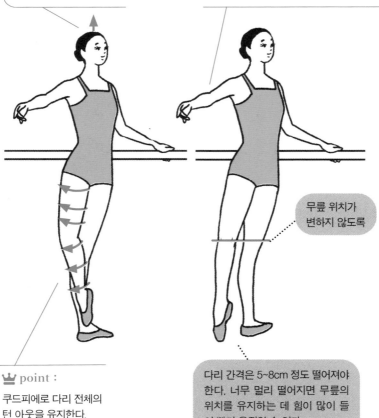

무릎 위치가
변하지 않도록

👑 **point :**
쿠드피에로 다리 전체의
턴 아웃을 유지한다.

다리 간격은 5~8cm 정도 떨어져야
한다. 너무 멀리 떨어지면 무릎의
위치를 유지하는 데 힘이 많이 들
어 빨리 움직일 수 없다.

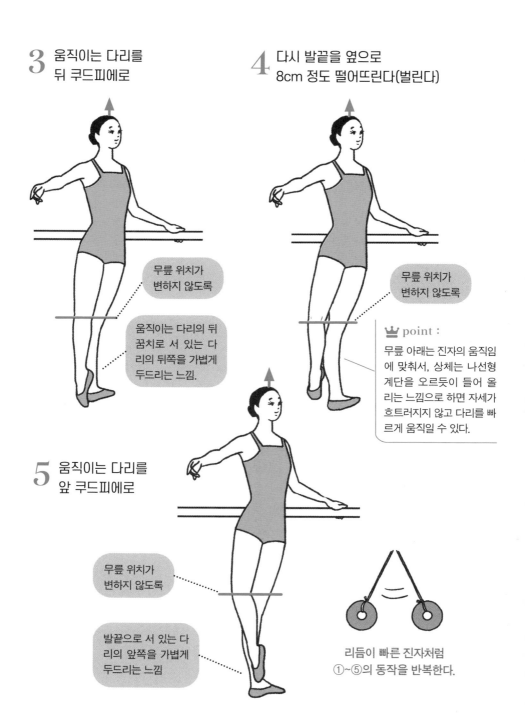

3 움직이는 다리를
뒤 쿠드피에로

무릎 위치가
변하지 않도록

움직이는 다리의 뒤
꿈치로 서 있는 다
리의 뒤쪽을 가볍게
두드리는 느낌.

4 다시 발끝을 옆으로
8cm 정도 떨어뜨린다(벌린다)

무릎 위치가
변하지 않도록

👑 point :
무릎 아래는 진자의 움직임
에 맞춰서, 상체는 나선형
계단을 오르듯이 들어 올
리는 느낌으로 하면 자세가
흐트러지지 않고 다리를 빠
르게 움직일 수 있다.

5 움직이는 다리를
앞 쿠드피에로

무릎 위치가
변하지 않도록

발끝으로 서 있는 다
리의 앞쪽을 가볍게
두드리는 느낌

리듬이 빠른 진자처럼
①~⑤의 동작을 반복한다.

프티 바트망이 힘들다면?

□ 턴 아웃이 풀려 있지 않나요?

프티 바트망을 할 때 턴 아웃이 부족하면 앞 쿠드피에에서 발뒤꿈치가 붙거나 뒤 쿠드피에에서 발끝이 붙는 경우가 있습니다. '앞은 발끝, 뒤는 발뒤꿈치'를 의식하면 턴 아웃을 유지하는 훈련이 됩니다.

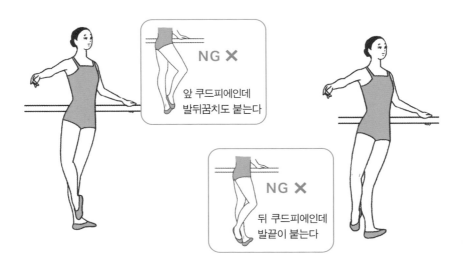

□ 다리를 번갈아 움직일 때마다 상체도 함께 흔들리지 않나요?

지지대가 되는 몸통이 움직이면 속도가 나지 않습니다. 젓가락이나 연필을 잡을 때 어깨나 팔꿈치가 흔들리면 제대로 물건을 잡거나 글씨를 쓸 수 없는 것과 마찬가지입니다. 속도를 높이고 싶다면 다리를 빨리 움직이려고 하기보다 흔들림을 버틸 수 있는 강한 축을 만드는 것이 중요합니다.

힌트는 발의 포지션에서 찾을 수 있습니다.

발레의 발 자세는 각 동작마다 고관절을 쉽게 움직일 수 있는 포인트가 척추에 있습니다. 그 포인트가 안정적이면 각각의 자세를 취하기 쉽습니다.

이 점을 이용하여 프티 바트망에 필요한 축을 강화할 수 있습니다. 몸을 활처럼 휘는 캉브레를 연습하는 것입니다.

2번 자세의 캉브레는 요추를 사용하기 때문에 골반의 틀어짐을 방지하고 고관절이 쉽게 움직일 수 있도록 도와줍니다.

4번과 5번 자세의 캉브레는 흉추를 사용하기 때문에 다리를 번갈아 가며 움직이는 속도를 높이는 데 도움이 됩니다.

바트망 바튀 :

**우아한 동작으로 축과 내전근을 강화
발레를 할 때 동작을 연결하는 훈련도 된다**

바튀는 드미 포인, 또는 포인으로 서서 다른 한 쪽 다리로 서 있는 다리를 가볍게 두드리는 동작입니다.

앞 바튀는 내전근을 사용하여 움직이는 다리의 무릎 아래를 움직이기 때문에 내전근이 단련되어 발레에서 동작과 동작을 더욱 매끄럽게 연결할 수 있습니다.

뒤 바튀는 턴 아웃을 유지하기 위해 엉덩이 속근육을 계속 사용하기 때문에 엉덩이 속근육을 단련할 수 있습니다.

바튀를 빠르게 하기 위해서는 축과 내전근, 엉덩이 속근육을 강화해야 합니다.

[앞 바튀]

 (오른발을 앞으로 한 5번 자세에서 시작하는 경우) 에파세(앞쪽)에서 탕뒤를 한 다음, 서 있는 다리를 드미 플리에로 한다.

[앞 바튀]

서 있는 다리로 를르베를 하는 동시에 움직이는 다리의 발끝을 뻗어 서 있는 다리의 발목 뒤쪽으로 끌어당긴다
무릎 아래만 앞뒤로 움직여서 복사뼈 아래를 발끝으로 두드린다

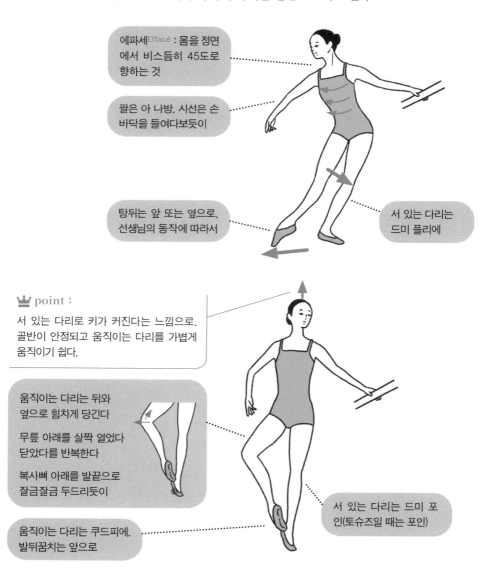

에파세Effacé : 몸을 정면에서 비스듬히 45도로 향하는 것

팔은 아 나방. 시선은 손바닥을 들여다보듯이

탕뒤는 앞 또는 옆으로. 선생님의 동작에 따라서

서 있는 다리는 드미 플리에

👑 point :
서 있는 다리로 키가 커진다는 느낌으로. 골반이 안정되고 움직이는 다리를 가볍게 움직이기 쉽다.

움직이는 다리는 뒤와 옆으로 힘차게 당긴다

무릎 아래를 살짝 열었다 닫았다를 반복한다

복사뼈 아래를 발끝으로 잘금잘금 두드리듯이

움직이는 다리는 쿠드피에. 발뒤꿈치는 앞으로

서 있는 다리는 드미 포인(토슈즈일 때는 포인)

[뒤 바튀]

서 있는 다리로 를르베를 하는 동시에 움직이는 다리의 발끝을 뻗어 서 있는 다리의 발목 뒤쪽으로 끌어당긴다.
무릎에서 아래쪽만 앞뒤로 움직여 움직이는 다리의 발목 뒤쪽에 부딪친다.

준비

(오른발을 앞으로 한 5번 자세에서 시작하는 경우) 에파세(뒤쪽)에서 탕뒤를 한 후 서 있는 다리를 드미 플리에로 한다.

에파세 : 몸을 정면에서 비스듬히 45도로 향하게 한다(왼쪽 다리 앞 5번 포지션일 때는 왼쪽으로 비스듬히 앞 45도).

♛ point :

팔은 오른팔을 앞으로 뻗는다. 시선은 손가락 끝 너머로 먼 곳을 바라본다. 안쪽 근육을 사용할 수 있게 되어 자세를 컨트롤하기 쉬워진다.

서 있는 다리는 드미 플리에

뒤로 탕뒤

♛ point :

팔을 앙 바로 유지함으로써 서 있는 다리는 바닥을 밀기 쉬워지고, 움직이는 다리는 빠르게 움직일 수 있다.

움직이는 다리는 뒤와 옆으로 힘차게 당긴다

무릎 아래를 살짝 열었다 닫았다를 반복한다

발뒤꿈치를 발끝으로 잘금잘금 두드리듯이

움직이는 다리는 쿠드피에. 발뒤꿈치는 앞으로

서 있는 다리는 드미 포인(토슈즈일 때는 포인)

바트망 바튀가 힘들다면?

□ 움직이는 다리의 다리 높이를 일정하게 유지하기 힘든가요?

여기까지의 바 워크 동작을 통해 서 있는 다리의 고관절을 고정한 채로 다리를 움직이는 방법을 준비해두면 의식적으로 움직일 수 있게 됩니다.

포인트가 되는 동작은 2가지입니다.

첫째, 바튀로 오기까지 몇 번 쿠드피에의 위치로 다리를 가져가는 순간이 있을 것입니다. 이때 고관절을 고정시킨 상태로 다리를 움직일 수 있게 만들어놓는 것입니다.

둘째, 프티 바트망을 할 때 무릎 아래 동작으로 앞 쿠드피에와 뒤 쿠드피에를 왔다 갔다 반복하는 동작을 꼼꼼히 연습해두는 것입니다. 또한, 발등을 펴는 운동을 해두면 발이 가벼워져 컨트롤이 쉬워집니다. (138쪽 「쿠드피에 플렉스를 이용한 스트레칭」 참조)

□ 한쪽 다리 를르베에서 몸이 흔들리지는 않나요?

서 있는 다리를 잘금잘금 두드리기 때문에 축이 강하지 않으면 자세를 유지할 수 없습니다. 이 대책도 여기까지의 움직임으로 결정됩니다.

종아리가 뻐근하다면 퐁뒤에서 서 있는 다리 플리에로 몸을 들어 올리는 부분이나 를르베를 참고하세요.

다리를 움직일 때 엉덩이가 따라 움직인다면 롱 드 장브 아 테르에서 발 끝으로 원을 그릴 때 서 있는 다리 쪽 골반을 손으로 고정하면서 하면 엉덩이가 따라 움직이는 부분을 줄일 수 있습니다.

□ 빨리 하려고 움직이는 다리를 굳은 상태에서 사용하고 있지는 않나요?

잘금잘금 두드릴 때 속도가 나지 않는다면, 움직이는 다리를 빨리 움직이려고 애쓰는 것보다 캉브레로 축을 강화하는 연습을 하는 것이 속도 향상에 더 효과적입니다.

특히 앞 캉브레가 포인트입니다. 여성의 경우 골반의 구조상 장요근이나 복근을 사용하지 않고 앞으로 숙이는 분들이 많은데, 복근이나 내전근과 관련된 골반의 안정성을 충분히 단련하지 못한 경우가 많기 때문입니다.

무릎 아래 움직임 관련해서는 프티 바트망이나 뒤에 나오는 롱 드 장브 앙 레르 동작을 꼼꼼히 하면 잘할 수 있게 됩니다.

□ 무릎이 앞을 향하고 있지는 않나요?

무릎이 앞을 향하고 있으면 허벅지를 움직이지 않고 무릎 아래만으로 컨트롤하는 동작을 할 수 없습니다. 포인트는 '연결'을 의식하는 것입니다.

무릎을 뒤로, 또는 옆으로 당길 때는 새끼손가락을 뻗은 채로 손가락 마디를 감싸쥐듯이 하면 새끼손가락과 엄지발가락의 연동이 활성화되어 움직임이 쉬워집니다.(76쪽 '엄지손가락과 새끼손가락의 연결' 참조)

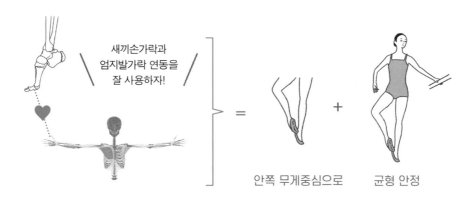

새끼손가락과
엄지발가락 연동을
잘 사용하자!

= 안쪽 무게중심으로 + 균형 안정

롱 드 장브 앙 레르 :

다리 힘을 기르는 근력 운동 | 푸에테 Fouetté **같은 회전 기술의 기초 연습도 된다**

롱 드 장브 앙 레르rond de jambe en l'air는 들어 올린 다리의 높이를 유지한 채 무릎부터 아래쪽만 돌리는 동작입니다. 허벅지 뒤쪽과 몸을 똑바로 세우기 위한 몸통 강화에 도움이 됩니다.

왜냐하면 들어 올린 다리의 높이를 유지하기 위해서는 골반이 고정되어 있어야 하고, 무릎 아래를 돌릴 때 생기는 원심력에 지지 않도록 복근과 등 근육, 옆구리 근육의 지지가 필요하며, 다리를 폈을 때 허벅지 뒤쪽의 스트레칭과 강화도 함께 이루어지기 때문입니다. 허벅지 뒤쪽의 강화는 파세(르티레)를 유지하는 데에도 사용할 수 있습니다.

준비

바 위에 가볍게 손을 얹고 5번 자세로 선다.
팔은 앙 바. 시선은 옆을 향한다.

＊ 다리 높이는 30도, 45도, 90도 등 여러
가지 변형이 가능합니다. 여기서는 30도
또는 45도를 다룹니다.

1 팔을 앙 바, 아 나방,
알 라 스공드로 열고
동시에 다리를 옆 탕뒤

몸통 안정

👑 point :

팔 동작을 함께 해주면 견갑골
을 움직여 옆구리가 무너지지
않도록 흉곽을 고정할 수 있다.

👑 point :

다리를 옆으로 뻗으면 골반 위
쪽이 약간 닫혀 복근을 사용하
기 쉬워진다.

👑 point :

서 있는 다리로
키가 커진다는 느
낌으로. 축이 안
정되어 다리를 움
직이기 쉽다.

2 주테를 하는 요령으로
다리를 옆으로 들어 올린다

주테에서 움직이는 다리의 고관절을 고
정한 채로 다리를 움직이지 못하면 다
리를 들어 올릴 때 고관절이 틀어지면
서 허벅지 앞쪽에 쓸데없는 힘이 들어
간다.

3 무릎부터 아래쪽에서 반타원형을 그리듯이,
움직이는 다리의 무릎을 구부리고
발끝을 서 있는 다리의 종아리에 붙인다

4 반타원형을 그리면서 움직이는 다리의 무릎 아래
쪽을 바깥쪽으로 벌린다

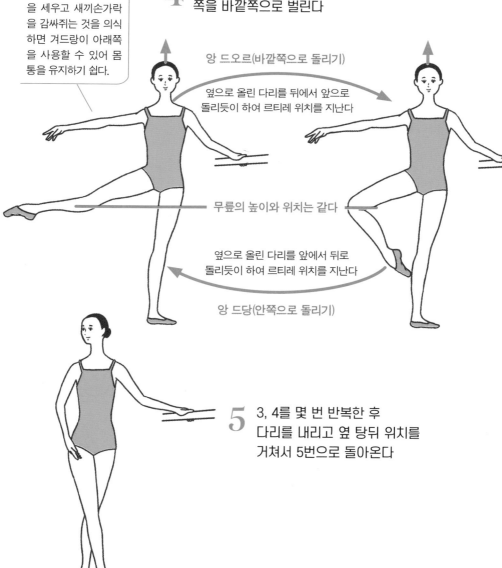

👑 point :

팔의 알 라 스공드는
등의 견갑골 아래 근육
을 세우고 새끼손가락
을 감싸쥐는 것을 의식
하면 겨드랑이 아래쪽
을 사용할 수 있어 몸
통을 유지하기 쉽다.

앙 드오르(바깥쪽으로 돌리기)

옆으로 올린 다리를 뒤에서 앞으로
돌리듯이 하여 르티레 위치를 지난다

무릎의 높이와 위치는 같다

옆으로 올린 다리를 앞에서 뒤로
돌리듯이 하여 르티레 위치를 지난다

앙 드당(안쪽으로 돌리기)

5 3, 4를 몇 번 반복한 후
다리를 내리고 옆 탕뒤 위치를
거쳐서 5번으로 돌아온다

롱 드 장브 앙 레르가 힘들다면?

□ 무릎이나 엉덩이가 틀어지지 않았나요?

움직이는 다리로 반타원형을 그릴 때 무릎이나 엉덩이가 틀어지거나 축을 유지하지 못한다면 캉브레, 탕뒤, 주테, 롱 드 장브 아 테르 중 어딘가에서 관절의 움직임을 생략하고 있다는 신호입니다.

한 다리로 서서 축을 유지할 수 없다면 캉브레나 롱 드 장브 아 테르.

다리를 올리기가 힘들다면 주테.

다리가 잘 펴지지 않는다면 탕뒤와 주테.

다리를 더 높이 올리고 싶다면 바트망 를르베 렁battements relevé lent이 도움이 됩니다. 바트망 를르베 렁은 바트망 탕뒤에서 다리를 들어 올려 90도 이상 다리가 올라갈 수 있도록 하는 동작입니다.

각각의 동작을 다시 한 번 꼼꼼하게 체크해봅니다.

NG
✕

데블로페 :

유연성과 근력으로 온몸을 컨트롤하는 우아한 동작

데블로페dévéloppé는 쿠드피에에서 르티레를 거처 앞, 옆, 뒤로 다리를 뻗는 동작입니다.

다리를 세 방향으로 뻗는 것을 견딜 수 있도록 스트레칭하면서 다리와 허리를 강화함으로써 다리를 올리는 자세를 유지하는 토대가 됩니다.

다리를 들어 올릴 때 엉덩이가 따라 올라가지 않도록 의식하며 상체를 끌어올리는 것을 유지합니다.

[앞 데블로페]

준비

바 위에 가볍게 손을 얹고
5번 자세로 선다. 팔은 앙
바. 시선은 옆을 향한다.

1 움직이는 다리의 발끝이
서 있는 다리의 발목 앞쪽에
닿도록 하여
쿠드피에 위치를 지난다

팔은 앙 바에서
아 나방으로

2 움직이는 다리의 발끝을
서 있는 다리를 따라
무릎까지 올려서
르티레 위치를 지난다

골반이 올라가지
않도록

♛ point :

다리 전체를 턴 아웃한다. 쿠드피에에
서 르티레로. 발끝이 서 있는 다리를 통
과함으로써 턴 아웃이 강화된다.

3 르티레 위치에서 무릎을 더욱 높이면서 앞으로 가져온다

👑 point :

앙 오 : 견갑골을 사용하여 등을 지지+복근과 내전근이 작동=끌어올리기 쉬워진다

팔은 아 나방에서 앙 오로

4 무릎부터 발끝까지를 앞으로 뻗는다

👑 point :

다리를 뻗는 동작에 끌려가지 않도록 서 있는 다리로 키가 커지도록 한다.

발뒤꿈치를 밀어 올리듯이 내민다

👑 point :

양쪽 다리의 턴 아웃을 유지하지 않으면 다리가 높이 올라가지 않는다.

5 뻗은 상태에서 움직이는 다리를 내린다

6 앞 탕뒤 위치를 거쳐서 발끝부터 5번으로 돌아온다

[옆 데블로페]

준비

바 위에 가볍게 손을 얹고 5번 자세로 선다. 팔은 앙 바. 시선은 정면을 향한다.

1 움직이는 다리의 발끝이 서 있는 다리의 발목 앞쪽에 닿도록 하고, 쿠드피에 위치를 통과한다

2 움직이는 다리의 발끝을 서 있는 다리를 따라 무릎까지 올려서 르티레 위치를 지난다

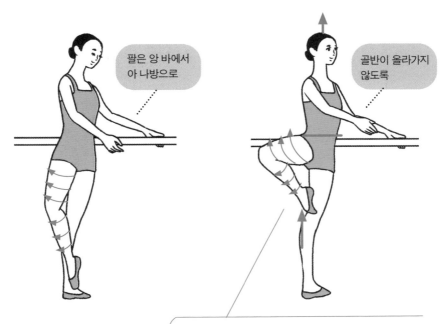

팔은 앙 바에서 아 나방으로

골반이 올라가지 않도록

👑 point :
다리 전체를 턴 아웃한다. 쿠드피에에서 르티레로. 발끝이 서 있는 다리를 통과함으로써 턴 아웃이 강화된다.

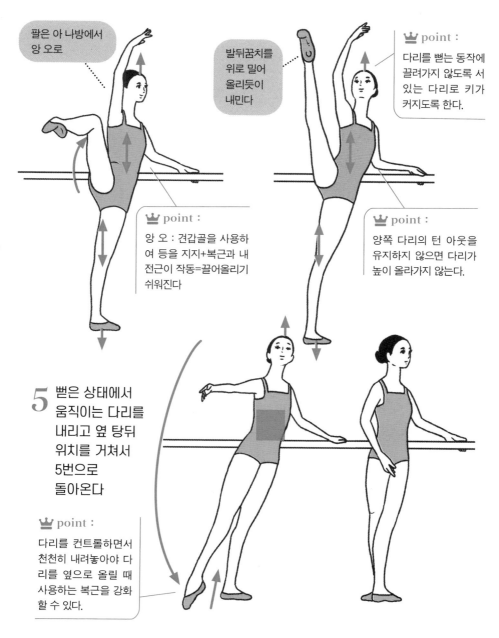

3 르티레 위치에서 무릎을 더욱 높이 들면서 옆으로 가져간다

4 무릎부터 발끝까지를 옆으로 뻗는다

팔은 아 나방에서 앙 오로

발뒤꿈치를 위로 밀어 올리듯이 내민다

♕ point :
다리를 뻗는 동작에 끌려가지 않도록 서 있는 다리로 키가 커지도록 한다.

♕ point :
앙 오 : 견갑골을 사용하여 등을 지지+복근과 내전근이 작동=끌어올리기 쉬워진다

♕ point :
양쪽 다리의 턴 아웃을 유지하지 않으면 다리가 높이 올라가지 않는다.

5 뻗은 상태에서 움직이는 다리를 내리고 옆 탕뒤 위치를 거쳐서 5번으로 돌아온다

♕ point :
다리를 컨트롤하면서 천천히 내려놓아야 다리를 옆으로 올릴 때 사용하는 복근을 강화할 수 있다.

[뒤 데블로페]

준비 바 위에 가볍게 손을 얹고 5번 자세로 선다. 팔은 앙 바. 시선은 옆을 향한다.

1 움직이는 다리의 발뒤꿈치가 서 있는 다리의 발목 뒤쪽에 닿도록 하고 쿠드피에 위치를 지난다

2 움직이는 다리의 발뒤꿈치를 서 있는 다리를 따라 무릎까지 올려 르티레 위치를 통과한다

팔은 앙 바에서 아 나방으로.

골반이 올라가지 않도록

♛ point :
다리 전체를 턴 아웃한다. 쿠드피에에서 르티레로. 발끝이 서 있는 다리를 통과함으로써 턴 아웃이 강화된다.

♛ point :
서 있는 다리로 키가 커지도록

3 르티레 위치에서 무릎 높이를 바꾸지 않고 움직이는 다리를 뒤쪽으로 들어 올린다

4 무릎에서 발끝까지를 뒤로 뻗는다

👑 point :
팔을 아 나방에서 알 라 스공드로 하면 다리를 끌어올리기 쉽다.

👑 point :
다리를 뻗는 동작에 끌려가지 않도록 서 있는 다리로 키가 커지도록 한다.

👑 point :
허벅지를 약간 들어 올린 다음 뻗으면 무릎이 펴지기 쉽다.

👑 point :
양쪽 다리의 턴 아웃을 유지하지 않으면 다리가 높이 올라가지 않는다.

5 뻗은 상태에서 움직이는 다리를 내리고 뒤 탕뒤 위치를 거쳐서 발뒤꿈치부터 5번으로 돌아온다

👑 point :
다리를 컨트롤하면서 천천히 내려놓아야 다리를 뒤로 올릴 때 사용하는 복근과 등 근육을 강화할 수 있다.

데블로페가 힘들다면?

☐ 무리하게 다리를 올리고 있지 않나요?

데블로페로 다리를 올리고 싶어도 무리한 다리 올리기는 금물입니다. 고관절이 걸리고, 허벅지 바깥쪽이 뭉칩니다.

다리를 올릴 때 몸통이 무너진다면 캉브레, 롱 드 장브 아 테르나 롱 드 장브 앙 레르를 연습합니다.

다리를 올릴 때 엉덩이나 고관절이 걸리는 느낌이 있다면 쿠드피에서 르티레를 연습합니다(138쪽).

르티레에서 무릎을 높이는 동작은 그랑 플리에로 깊게 쪼그려 앉을 때 고관절의 움직임을 응용한 것이므로 그랑 플리에서 똑바로 내려가고 일어서는 부분을 복습하면 더 쉽게 할 수 있습니다. 다리 높이를 올릴 때는 주테, 를르베 렁, 그랑 바트망으로 고관절의 유연성과 힘을 잘 길러주면 다리를 올리는 범위를 키울 수 있습니다.

□ 다리를 뒤로 올릴 때 무릎이 내려가지 않나요?

　쿠드피에에서 르티레를 할 때 다리 전체의 턴 아웃이 유지되고 있다면,
팔 동작이나 서 있는 다리의 신전을 이용하여 무릎의 높이를 바꾸지 않고
다리를 뒤로 뻗을 수 있습니다.

　또한, 다리를 뻗는 힘을 상체가 버티지 못하면 몸이 앞으로 쓰러지거나
뻗은 다리가 내려오게 됩니다.

　· 뒤 캉브레로 다리를 뒤로 뻗을 때 사용하는 등의 젖히는 힘을.

　· 쿠드피에 플렉스에서 5번으로 돌아오는 스트레칭(138쪽)으로 골반과 고관절의
　　움직임을.

　· 퐁뒤로 양쪽 오금을 늘리는 동작으로 다리를 뻗을 때 끌어올리는 동작을.

　위의 3가지를 통해 고관절이
걸리는 현상을 개선합시다.

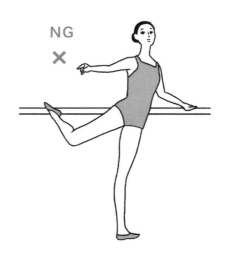

그랑 바트망 :

올린 다리 높이에 걸맞은 몸통을 컨트롤하는 힘과 스피드를 키운다

그랑 바트망grand battement은 다리를 크게 들어 올리는 동작입니다. 여기서 단련된 속도와 컨트롤하는 힘은 그랑 주테 등 바닥에서 다리를 힘차게 마찰할 때 사용됩니다.

[앞 그랑 바트망]

준비 바 위에 가볍게 손을 얹고 5번 자세로 선다. 팔은 알라 스공드. 시선은 옆을 향한다.

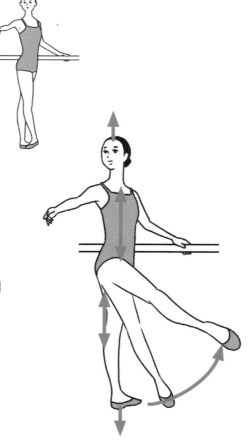

1 움직이는 다리를 던진다는 느낌으로 다리를 앞으로 내밀면서 탕뒤, 주테 위치를 거쳐 다리를 들어 올려간다

고관절이 원활하게 움직이기 위한 예비 단계다.

2 올리는 기세로 단숨에 차올린다
목표는 90도 이상

👑 point :
서 있는 다리로 키가 커지는
것과 팔의 지지력으로 골반이
안정된다. 복근이 작용하여
상체가 흔들리지 않게 된다.

3 올린 다리는 컨트롤하면서
부드럽게 내려서 5번으로
돌아온다

👑 point :
자연스럽게 떨어지는 것보다
컨트롤하여 다리를 천천히 내
려야만 앞쪽으로 올릴 때 사
용하는 복근이 강화된다.

👑 point :
탕뒤와 주테 위치를 거침으
로써 다리를 컨트롤하는 힘이
생긴다. 힘으로만 올렸다 내
리지 않도록.

[옆 그랑 바트망]

준비   바 위에 가볍게 손을 얹고 5번 자세로 선다. 팔은 알 라 스공드. 시선은 앞을 향한다.

1   움직이는 다리를 던진다는 느낌으로 다리를 옆으로 내밀면서 탕뒤, 주테 위치를 거쳐 다리를 들어 올려간다

고관절이 원활하게 움직이기 위한 예비 단계다.

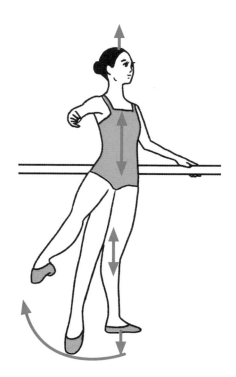

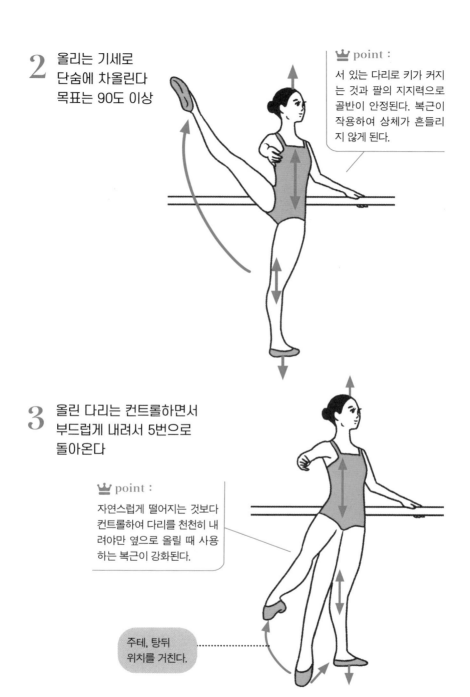

2 올리는 기세로
단숨에 차올린다
목표는 90도 이상

👑 point :

서 있는 다리로 키가 커지
는 것과 팔의 지지력으로
골반이 안정된다. 복근이
작용하여 상체가 흔들리
지 않게 된다.

3 올린 다리는 컨트롤하면서
부드럽게 내려서 5번으로
돌아온다

👑 point :

자연스럽게 떨어지는 것보다
컨트롤하여 다리를 천천히 내
려야만 옆으로 올릴 때 사용
하는 복근이 강화된다.

주테, 탕뒤
위치를 거친다.

[뒤 그랑 바트망]

준비 바 위에 가볍게 손을 얹고 5번 자세로 선다(옆으로 올린 다리를 뒤에 놓은 경우). 팔은 알 라 스공드. 시선은 앞을 향한다.

1 움직이는 다리를 던진다는 느낌으로 다리를 뒤로 내밀면서 탕뒤, 주테 위치를 거쳐 다리를 들어 올려간다

고관절이 원활하게 움직이기 위한 예비 단계다.

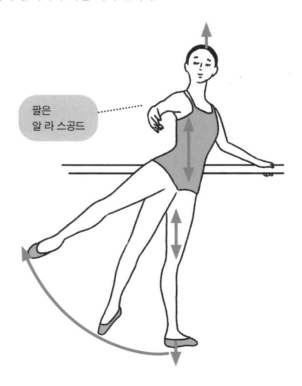

팔은
알 라 스공드

2 올리는 기세로 단숨에 차올린다
목표는 90도 이상

👑 point :

서 있는 다리로 키가 커지는
것과 팔의 지지력으로 골반
이 안정된다. 복근이 작용하
여 상체가 흔들리지 않는다.

3 올린 다리는 컨트롤하면서
부드럽게 내려서 5번으로 돌아온다

👑 point :

자연스럽게 떨어지는 것보
다 컨트롤하여 다리를 천천
히 내려야만 뒤로 올릴 때
사용하는 복근이 강화된다.

주테, 탕뒤
위치를 거친다.

그랑 바트망이 힘들다면?

□ 다리를 높이 올리려고 하다가 자세가 흐트러지지는 않나요?

그랑 바트망을 쉽게 하려면 캉브레, 탕뒤, 주테가 핵심입니다.

다리를 높이 들어 올리려면 탕뒤나 주테로 고관절의 가동 범위를 넓혀놓아야 합니다. 이때 그 과정이 생략된 만큼 고관절의 움직임이 원활하지 않아 다리의 사타구니가 굳어지므로 중간에 다리가 멈추고 맙니다.

몸통이 받쳐주지 않으면 골반이 틀어지면서 고관절의 움직임이 원활하지 않게 되어 다리가 올라가지 않습니다. 다리가 움직이기 시작할 때까지 상체는 움직이지 않는 것이 이상적입니다.

90도 이상으로 다리를 올리는 데 사용하는 것은 몸통의 근육입니다. 그러므로 캉브레를 연습하여 다리를 들어 올려도 끌려가지 않도록 몸통의 힘을 키우면 결과적으로 다리를 올릴 수 있는 범위도 늘어나게 됩니다.

예를 들어, 호흡과 얼굴의 방향, 팔 동작이 제대로 된 캉브레를 하고 있다면, 바 워크를 7회 정도만 해도 다리를 들어 올릴 때 사용하는 근육에 차이가 생깁니다.

또한 발레를 할 때는 높이보다 속도와 컨트롤을 중시하는 것이 더 유용합니다. 다리를 올리려고 애쓰기보다는 올린 다리를 내릴 때 빨리 내려서 부드럽게 착지, 5번으로 돌아오기를 의식하는 것이 다리 올리기에 필요한 근육을 강화하는 데 도움이 됩니다.

바 워크 체크 포인트 일람표

바 워크의 역할과 체크 포인트를 역할 단위별로 정리했습니다.

먼저 플리에, 캉브레, 를르베로 기초를 다지고 탕뒤, 주테, 롱 드 장브 아 테르에서 다리 동작을 통해 고관절의 움직임을 원활하게 하고 다리의 축을 만들어줍니다.

그다음에 쿠드피에, 퐁뒤, 수트뉘에서 이후 어려운 동작을 할 때의 예비 단계를 수행하고, 프라페, 프티 바트망, 바튀 등 속도감 있는 동작으로 축이 흔들리지 않도록 강화합니다.

그렇게 만들어진 몸을 바탕으로 롱 드 장브 앙 레르, 데블로페, 그랑 바트 망으로 몸을 크게 움직여 나가는 순서입니다.

전반부에서 이런 동작을 생략하면 그만큼 후반부에서 움직임이 뻣뻣해지 고 가동 범위가 좁아집니다. 아무리 연습해도 어려운 동작이 있다면 이 표 를 통해 어디를 수정하면 더 좋아지는지 체크해보기 바랍니다.

★ 기초를 만드는 동작

동작	연습하는 이유	주의해야 할 포인트	연습하면 좋은 동작
플리에	▪ 점프(도약·착지) ▪ 피루에트 등의 회전량	▪ 내전근을 늘리지 못한다 ▪ 무릎이 바깥쪽을 향하지 못한다	▪ 팔 동작으로 상체를 지탱한다 ▪ 발가락이 뜨지 않게 한다 ▪ 발뒤꿈치를 바닥으로 누른다
캉브레	▪ 스피드 UP ▪ 몸통의 유연성 UP ▪ 골반의 틀어짐을 억제 ▪ 축·밸런스를 키운다 ▪ 다리 올리기	▪ 몸이 뻣뻣해서 굽힐 수 없다	▪ 손가락과 팔을 펴고 나서 숨을 들이마신다 ▪ 움직일 때는 숨을 내쉰다 ▪ 움직임이 멈췄을 때 숨을 들이마신다
를르베	▪ 발목, 발등, 발가락을 강화한다 ▪ 축의 의식을 키운다	▪ 어깨가 올라간다	▪ 캉브레나 그랑 플리에를 하기 전에 옆구리를 늘린 다음, 숨을 들이마신다
		▪ 발가락이 굽는다	▪ 탕뒤로 발등을 늘린다
		▪ 안쪽발·바깥쪽 무게중심이 된다	▪ 그랑 플리에로 발뒤꿈치를 아래로 누른다 ▪ 옆 캉브레를 한다

★ 다리 동작과 고관절의 움직임을 원활하게 하기

동작	연습하는 이유	주의해야 할 포인트	연습하면 좋은 동작
탕뒤	▪ 한 다리로 서 있을 때의 축 감각을 익힌다 ▪ 발등을 만드는 훈련	▪ 골반이 틀어진다	▪ 서 있는 다리를 축으로 삼아 몸을 위아래로 늘린다 ▪ 한 번 호흡을 끼워 넣는다
		▪ 뒤로 내밀 때 다리가 바깥쪽으로 빠진다	▪ 어깨와 허리는 정면을 유지한다
주테	▪ 다리를 올릴 때 고관절이 틀어지지 않게 한다 ▪ 아상블레assemblé와 점프에 필요한 내전근을 강화한다	▪ 다리가 올라가지 않는다 ▪ 다리가 덜 펴진다 ▪ 골반(엉덩이)이 틀어진다	▪ 서 있는 다리를 축으로 삼아 몸을 위아래로 늘린다 ▪ 다리 높이는 캉브레
롱 드 장브 아 테르	▪ 고관절 주위의 유연성 UP ▪ 다리의 가동 범위를 넓힌다	▪ 턴 아웃을 유지하지 못한다	▪ 모양보다 바닥을 잘 문지르는 것을 중시한다
		▪ 엉덩이가 틀어진다	▪ 다양한 방향으로 탕뒤를 한다

★ 어려운 동작의 예비 단계가 되는 동작

동작	연습하는 이유	주의해야 할 포인트	연습하면 좋은 동작
쿠드피에와 르티레	▪ 퐁뒤와 데블로페의 앞부분 ▪ 턴 아웃에서 다리 전체를 돌리거나 안짱발을 방지하는 훈련	▪ 다리를 붙이는 위치가 어긋난다	▪ 뒤쪽은 뒤꿈치를 의식하면 발끝을 붙이기 쉽다
		▪ 파세 위치를 유지하지 못한다	▪ 다리가 지나가는 길을 통과하는 플리에+캉브레
퐁뒤	▪ 플리에를 다양한 방향으로 컨트롤하여 걸음과 걸음을 매끄럽게 연결한다	▪ 다리를 뻗으면 안짱발이 된다	▪ 플리에+쿠드피에+탕뒤
		▪ 엉덩이가 틀어진다 ▪ 허벅지 앞쪽에 힘이 들어간다	▪ 캉브레, 롱 드 장브 아 테르
수트뉘	▪ 뻗은 다리를 끌어당기는 힘과 서 있는 다리 플리에를 이용하여 회전하는 방법을 훈련한다	▪ 회전이 부족하다 ▪ 바에 많이 의존한다	▪ 밸런스는 를르베 ▪ 준비는 퐁뒤 ▪ 다리를 끌어당기는 것은 주테 ▪ 회전 중에는 다른 쪽 다리를 5번으로

동작	연습하는 이유	주의해야 할 포인트	연습하면 좋은 동작
프라페	▪ 엉덩이 속근육의 근력 강화 ▪ 힘차게 다리를 쭉 뻗어도 턴 아웃이 풀리지 않는 훈련	▪ 한쪽 다리로 서면 비틀거린다	▪ 플리에+캉브레/탕뒤+주테+롱 드 장브 아 테르
		▪ 다리를 뻗으면 안짱발이 된다	▪ 쿠드피에와 르티레
		▪ 속도가 나지 않는다	▪ 한쪽 다리가 흔들리는 대책+퐁뒤
프티 바트망	▪ 축을 강화한다 (다양한 동작을 할 때 흔들리지 않는 중심을 만든다)	▪ 다리를 붙이는붙이는 위치가 어긋난다	▪ 천천히 해도 되므로 앞은 발끝, 뒤는 발뒤꿈치에 붙인다
		▪ 속도가 나지 않는다	▪ 4번, 5번 자세로 캉브레
		▪ 골반이 틀어진다	▪ 2번 자세로 옆 캉브레
바트망 바튀	▪ 축과 내전근, 엉덩이 속근육을 강화하여 빠르게 움직일 수 있는 중심을 만든다	▪ 다리 높이가 어긋난다	▪ 쿠드피에의 통로를 만들어둔다 ▪ 천천히 프티 바트망
		▪ 속도가 나지 않는다	▪ 캉브레 + 발등 늘리기

★ 크게 움직인다

동작	연습하는 이유	주의해야 할 포인트	연습하면 좋은 동작
롱 드 장브 앙 레르	▪ 허벅지 뒤쪽 근육과 몸을 똑바로 세워 유지하기 위한 몸통을 강화한다	▪ 다리를 움직일 때 몸의 축을 유지할 수 없다	▪ 캉브레, 롱 드 장브 아 테르
		▪ 다리를 올리기 힘들다	▪ 주테
		▪ 다리를 쭉 펴지 못한다	▪ 탕뒤, 주테, 퐁뒤
데블로페	▪ (다리를 세 방향으로 뻗는 것을 지탱할 수 있도록 늘리면서) 다리와 허리를 강화, 다리를 올린 자세를 유지하는 베이스	▪ 다리를 들어 올리면 몸이 무너진다	▪ 캉브레, 롱 드 장브 아 테르 + 롱 드 장브 앙 레르
		▪ 엉덩이와 고관절이 걸린다	▪ 쿠드피에, 르티레
		▪ 무릎을 들지 못한다	▪ 그랑 플리에
		▪ 다리 높이가 낮다	▪ 주테, 그랑 바트망
그랑 바트망	▪ 다리를 올리는 속도와 컨트롤하는 힘을 기른다	▪ 다리 높이가 낮다	▪ 캉브레를 연습하여 다리를 들어 올려도 버틸 수 있는 몸통을 만든다 ▪ 탕뒤, 주테를 연습하여 고관절의 움직임을 좋게 한다 ▪ 다리를 올리거나 내릴 때 멀리 뻗어 컨트롤한다

이 책에 나오는 발레용어 원어 표기

그랑 바트망 grand battement

데블로페 développé

드미 포인 demi pointe

롱 드 장브 아 테르
　rond de jambe à terre

롱 드 장브 앙 레르
　rond de jambe en l'air

르티레 retiré

를르베 relevé

바트망 바튀 battements battu

바트망 프라페 battement frappé

수트뉘 앙 트루낭
　soutenu en tournant

쉬르 르 쿠드피에 sur le cou-de-pied

아 나방 en avant

아라베스크 arabesque

알 라 스공드 à la seconde

알롱제 allongé

앙 드당 en dedans

앙 드오르 en dehors

앙 바 en bas

앙 오 en haut

에파세 effacé

주테 jeté

캉브레 cambré

탕뒤 tendu

턴 아웃 turn out

파세 passé

포르 드 브라 port de bras

포인 pointes

퐁뒤 fondu

푸에테 fouettté

프티 바트망 petit battement

플렉스 flex

플리에 plié

피루에트 pirouette

발레 바워크 핸드북

지은이_ 시마다 사토시

옮긴이_ 위정훈

감수자_ 한지영

펴낸이_ 양명기

펴낸곳_ 도서출판 -북피움-

초판 1쇄 발행_ 2024년 7월 8일

등록_ 2020년 12월 21일 (제2020-000251호)

주소_ 경기도 고양시 덕양구 충장로 118-30 (219동 1405호)

전화_ 02-722-8667

팩스_ 0504-209-7168

이메일_ bookpium@daum.net

ISBN   979-11-987629-0-0 (03680)